光文社知恵の森文庫

鳥賀陽百合

一度は行ってみたい

京都「絶景庭園」

光文社

本書は「WEB女性自身」の連載(二〇一四年九月～二〇一五年八月)を加筆修正し、書下ろしを加えた文庫オリジナルです。

掲載された寺社・庭園、店舗のデータは、すべて二〇一五年一〇月現在のものです。

まえがき

京都には、この街でしか見ることのできない景色がたくさん残っている。それは、京都が一二〇〇年の歴史を持つ都市であり、様々な歴史の〝層〟を発見することができる場所だからだ。

京都の街は、地層のようにそれぞれの時代のものが蓄積してできている。紫式部のお墓、応仁の乱で山名宗全《やまなそうぜん》が陣を敷いた西陣、織田信長が最期を迎えた本能寺、坂本龍馬が襲撃された寺田屋など、歴史の教科書に出てくる人物ゆかりの場所を、京都では普段の風景の中で見つけることができる。

本書では、そんな数ある京都の〝層〟の中でも、「日本庭園」の魅力を紹介したい。

庭園には、その国の文化や歴史、価値観や美意識がよく表されている。

私は、大学卒業後に勤めていた会社を辞めて園芸の学校に行き、専門的に植物や庭のデザインについて学んだ。その時に受けた日本庭園の授業で、すっかり庭の魅力にはまり、京都のあらゆる庭園を見てまわった。その後、さらに世界中の庭園も見てまわって、気がついた。

日本庭園は、なんと魅力的で、日本人の美意識が詰まったものなのか、と。


日本庭園を知ると、日本の文化や歴史が見えてくる。配置されている石の意味や、庭のスタイルを知ると、謎解きのように、背景にある日本の文化を知ることができる。たとえば、極楽浄土を表す庭や、禅の教えをテーマにした庭がある。仏教の世界の中心にある須弥山《しゅみせん》という山が表されていたり、不老長寿の象徴と言われる鶴島や亀島が造られていたりする。


庭のストーリーが見えてくると、庭の楽しみ方も変わってくる。

日本庭園には自然の石が使われる。ここには、自然のものに畏怖の念を持ち、崇拝する日本人の精神が表れている。英語では「アニミズム」と呼ばれるが、山や大木、石などの自然のものには神々が宿っていると、古来より信じられてきた。

西洋庭園でも石は使われるが、日本の庭のように、自然石そのものが主役として飾られることはない。自然石を巧みに使う技術は、日本文化を象徴するものだ。

なかでも、自然の石を組み合わせて造る「石組《いわぐみ》」は、日本庭園の見どころと言える。

素晴らしい石組は「三尊石組」や「滝石組」といった美しい景色を生み出す。石組に注目すると、それを造った人の感性が見えてきて面白い。美しい石組を見ると、私はいつも感動を覚える。石組が美しい庭園は、魅力的かつ神秘的だ。

また、庭を造った人＝作庭家の生涯や人柄を知ると、庭を見ることが一層面白くなる。庭には、それを造った人の趣味趣向がよく表れており、造り手のメッセージが伝わってくるからだ。庭を通して、何百年も前に存在した人物や、名前でしか知らなかった人物と対話することができる。これは、なかなかできない体験だ。

庭を彩る植物の存在も欠かせない。春の枝垂桜《しだれざくら》やサツキの花、新緑のカエデ、秋の真っ赤に紅葉した樹々は、美しい庭をますます引き立てる。実は日本庭園で一番よく使われているのは、松や樫《かし》、椿《つばき》、モッコクなどの常緑樹なのだが、その常緑樹の緑があってこそ、桜の花や紅葉の美しさが際立ってくる。

そして日本庭園では、「苔」がとても重要だ。美しい苔の状態を保つには、日頃の手入れが十分でないといけない。よく手入れされた苔の風景を、私たちはこよなく愛している。それは日本人にとって、苔が自然の心象風景であるからだ。美しい苔に、私たちは安らぎ、ホッとする。

日本最古の庭園造りのガイドブック『作庭記《さくていき》』が書かれたのは、なんと平安時代。そこにはすでに石の選び方や立て方、池のバランス、滝を造る順番まで、事細かに書かれている。日本人は、そんな昔から庭園のことを考えていたのである。私たちには元来、庭好きの血が流れているのかもしれない。

庭を知ることは、先人が残した美意識を知ること。そしてそれは、今の自分たちを知ることに繋がる。この本を読んで、日本庭園について興味を持っていただけると嬉しい。そして京都観光の折には、美味しい料理やお菓子と一緒に、今回この本で厳選した「絶景庭園」も楽しんでいただけると幸いである。

烏賀陽百合

一度は行ってみたい　京都「絶景庭園」

目次

はじめに　3

1　金閣寺 vs. 龍安寺　14
アメリカ人は金閣寺がお好き／庭に〝哲学〟を感じ取るフランス人／金閣寺と龍安寺、それぞれの見どころ
オススメの店　山猫軒

2　夢窓国師が造ったこの世の極楽浄土、天龍寺と苔寺　26
庭は「天国」「極楽」の意味がある／極楽浄土を〝造った〟国師・夢窓疎石／西芳寺の苔と石組／天龍寺の滝石組
オススメの店　老松　嵐山店

3　紅葉と苔を楽しむ庭――宝鏡寺と黄梅院　38
「京都流」紅葉の楽しみ方／人形の寺・宝鏡寺の庭／時間を忘れる黄梅院の庭
オススメの店　茶ろんたわらや　小川店

4 建仁寺「潮音庭」の三尊石 50
カナダ人クラスメートの「大きな勘違い」／額縁効果で、より一層美しい庭
オススメの店 ZEN CAFE（ゼンカフェ）

5 泣かせる庭――東福寺、重森三玲の庭 58
庭を見て泣いた二人の外国人／昭和を代表する作庭家／東福寺の方丈庭園
オススメの店 小西いも

6 「石萌え」する庭――光明院 70
庭の魅力とは「石の魅力」／ふたたび西芳寺の庭――古墳の石へのこだわり／光明院の庭――石のみで光の美しさを表現
オススメの店 鶴屋弦月

7 南禅寺と湯豆腐の思い出 82
デンマーク人が嫌いな食べ物？／方丈庭園は中国の故事がテーマ

オススメの店　フロマージェリー アルモニー

8
日本人と桜――平安神宮「神苑の庭」　94
カナダでお花見をしようとしたら……／小川治兵衛という庭師の活躍／明治時代のテーマパーク的な庭
オススメの店 & noma CAFE

9
新緑を楽しむ庭――高桐院　106
庭を見るのに一番の季節／庭も参道も素晴らしい／京都で一番好きな庭
オススメの店　あぶり餅「一和」「かざりや」

10
大河内山荘の夢　118
昭和の大スターが私財を投じて造った庭／美しい敷石と飛石
オススメの店　豆腐料理 松ヶ枝

11
仙洞御所の緑の世界　130
セブ島の空と海の色を見て思ったこと／世界で一番好きな橋

オススメの店　虎屋菓寮 京都一条店

12 等持院──サッキが可愛い庭　142

サツキの花で彩られる庭園／なぜ日本のサツキは丸く刈り込まれるのか／乙女チックな庭

オススメの店　中国酒家 黒猫軒

13 両足院の半夏生と「用と景」　154

半夏生の清涼感が楽しめる庭／遠回り、一休みが余韻を生む／用と景

オススメの店　カフェ ヴィオロン

14 梅宮大社の紫陽花　166

シーボルトに救われた花／紫陽花の隠れスポット／東の植治・西の植音

オススメの店　カザレッチョ

15 祇園祭と杉本家の庭の美　178

七月の京都は祇園祭一色／庭にひそむ京都人の美意識

オススメの店　大極殿本舗 六角店 栖園

16 無鄰菴――山縣有朋と小川治兵衛の庭への情熱 190
「夏の京都には絶対に帰ってきません！」／第三の無鄰菴／山縣有朋と小川治兵衛の最強コンビ
オススメの店　菓子・茶房 チェカ

17 五山の送り火と、宝厳院の苔と石 202
「先祖を大切にする」という気持ち／「苔」「石」という名に込められた思い／石と苔と長い時間が造った美しい庭
オススメの店　カモシカのお菓子

18 徳川家バンザイの庭、金地院 214
子供のための祭り「地蔵盆」／徳川家の栄華を静かに伝える庭／特別拝観の茶室「八窓席」
オススメの店　ピニョ食堂

19 中根金作と退蔵院の庭 226
アメリカ人が選ぶナンバーワンの庭／退蔵院「余香苑」——中根金作マジック
オススメの店　御室さのわ

20 親子三代の想いを繋ぐ庭「白龍園」 238
庭には人生を変える力がある／白龍園——桃源郷のような庭
オススメの店　河鹿荘

京都「絶景庭園」マップ 250

写真／三宅 徹（左記以外）
写真提供／鹿苑寺（18〜19ページ）、東福寺（62〜63、66〜67ページ）

1　金閣寺 vs. 龍安寺

アメリカ人は金閣寺がお好き

海外の人に京都の庭を案内していると、その国の「好み」の庭がなんとなくわかってくる。案内する時は必ず様式も時代も違う様々な庭を三つ以上紹介するようにしているのだが、国によって「ウケる庭」が少しずつ異なったりする。

例えばアメリカ人。彼らを案内して必ず喜ばれる場所は、「金閣寺」だ。

金色に燦々《さんさん》と輝く建物、そしてその姿を凛々《りり》しく映し出す池。

アメリカ人のテンションは、金閣を見た瞬間マックスになり、「オー！　シャイニーテンプル！　ビューーリホー！（わぁ！　キラキラ輝くお寺だ、美しい！）」と絶賛する。

アメリカ人はなぜ金閣寺が好きか？　理由は「わかりやすく、派手な美」だからだ。

金閣を見るのに、あまり難しい解説はいらない。

「六百年くらい昔、中国との貿易で大儲けした足利義満というショーグン（『将軍』という日本語は皆さんご存知）が、自分のための豪華な別荘と庭を造って、この場所を極楽浄土（英語では『ヘブン』と言っておく）にしようとしたんだよ」と教えてあげると、ますます「ワオ！」と歓喜の声。

英語の heaven（天国）の語源は「神の居る場所」。神の居る場所を作ってしまうほどのお金持ちというところに、萌えポイントがあるらしい。

それはまさしく彼らが誇る文化「アメリカンドリーム」の象徴なのだ。こんな豪華な別荘を建てられるパワフルな権力者のイメージが大好きなのだ。

そしてピカピカに輝く建物はカソリックの教会にも通じるものがある。彼らに馴染みのある教会の建物と金閣の輝きはピッタリくるのだ。

庭に〝哲学〟を感じ取るフランス人

アメリカ人と対照的なのが、フランス人。

フランス人は金閣を見てもあまり興味を示さない。キラキラの建物を見ても「フーン」という感じ。理由を聞くと、答えは「トゥーマッチ！（やり過ぎ！）」。

フランス人には金閣の見た目がやり過ぎらしい。足利義満の話も、「お金のある権力者がやりそうなことだね」といった反応だ。

しかしそんな彼らが大好きな庭がある。それは「龍安寺《りようあんじ》」。白砂が敷かれた庭に合計一五個の景石が並ぶ、枯山水《かれさんすい》の庭。

フランス人は龍安寺の石庭を見たとたん急に静かになり、小声で「トレビアン……」と感嘆する。

なぜフランス人は龍安寺が好きか？　それは「わかりにくい美」だからだ。

龍安寺の石庭を見るには色々と解説がいる。

庭石が「七・五・三」（計一五個）という日本の縁起のよい数字で構成されていることや、一説では「虎の子渡し」という中国の故事を表現した庭という話、実際には一五個あるのに何度数えても一四個しか数えられず、ある場所に立つとやっと数えられる……などパッと庭を見ただけではわからない話が多い。

そうすると彼らは「庭にそれほどの意味があるとは……」と感動する。龍安寺の石庭は、彼らの大好きな「難解で哲学的な美」に通じるのだ。

フランス人は、精神性や哲学的なバックグラウンドがあることで「美」をより尊《とうと》いものとして捉《とら》えるようだ。わかりやすい庭ではだめなのである。その美を理解しようとして考える過程に、一番「興奮」するのだ。

「日本の Zen Garden（禅の庭＝枯山水のこと）には〝フィロソフィー（哲学）〟があるから美しい！」と生き生きと語る彼らから、繊細な美を愛するフランス人の性質を感じる。

もちろん例外もあるが、庭を通して、北米とヨーロッパの歴史や文化、価値観の違いが垣間見られて興味深い。

金閣寺と龍安寺、それぞれの見どころ

それぞれの庭の、お勧めポイントを紹介したい。

まずは金閣寺。入ってすぐ現れる池は「鏡湖池《きょうこち》」と呼ばれ、水面に鏡のように映る「逆さ金閣」はとても美しい。修学旅行や観光で訪れた際、誰もがこの池の前で写真を撮った経験があるだろう。ここに立つと世界中の言語が飛び交い、様々な国の人

金閣寺　鏡湖池の金閣（鹿苑寺提供）

が写真を撮ろうと入り混じる。国は違えど、みんな同じ構図の写真を持っているのかと想像すると可笑《おか》しい。

このように池のある庭園を「池泉回遊式《ちせんかいゆうしき》」と呼ぶ。景色を楽しみながら池の周りを歩き回る庭のスタイル、という意味。

ぜひこの池に浮かぶ亀島や鶴島をゆっくり歩きながら鑑賞して欲しい。松の木や島の配置が絶妙で、極楽浄土と呼ぶに相応《ふさわ》しいデザインだ。

そして池を過ぎ、しばらく歩くと小さな滝が現れる。これは「龍門瀑《りゅうもんばく》」と呼ばれる滝のスタイルで、滝に打たれている石は「鯉魚石《りぎょせき》」と呼ばれる鯉の形を模したもの。なぜ鯉なのか？　これは、鯉が必死で滝を登りきると龍に姿が変わる、という中国の故事「登龍門」から来ている。成功への難関を突破したこと、特に立身出世の意味で使われる。「アイドルへの登龍門」などという言葉の語源はこれだ。こどもの日に鯉のぼりを飾る風習もここから来ている。

じっと見ていると、普通の石が、いかにも頑張って登ろうと奮闘する鯉の姿に見えてくるから面白い。

一方、龍安寺は、何と言っても石庭が一番の見どころ。たった七五坪の狭い空間に並ぶ大小一五個の景石のバランスは見事で美しく、ずっと見ていて飽きない。一見、水平に見える庭だが、実は方丈から見て左奥の角に向かってだんだん低くなるよう傾斜がつけてあり、雨が降っても水はけがよくなるよう工夫がなされている。

また西側（方丈から見て右手）にある塀は、手前から奥に向かって、だんだん低くなっている。これは遠近法を使った手法で、狭い庭を広く見せるトリック。西洋から入ってきた手法だが、日本庭園もその当時の新しい技術を駆使して造られている。工学的な技術を使い、視覚的な効果も計算された緻密《ちみつ》なデザインを知ると、ますますその庭の魅力が増す。

そういった先人達の叡智を発見するたび、日本人の細やかな美意識を時代を超えて感じることができる。それはとても幸せなことだ。

日本庭園を知ることは、日本の美意識や価値観を知ることに繋がる。ぜひそんな庭の魅力を感じていただきたい。

龍安寺　石庭

■金閣寺

臨済宗相国寺派。正式には鹿苑寺《ろくおんじ》という。一三九七（応永四）年に創建。寺名は、開基（創設者、スポンサーのこと）である室町幕府三代将軍、足利義満の法号「鹿苑院殿」にちなむ。開山（初代住職、お寺を開いたお坊さんのこと）は「夢窓疎石《むそうそせき》」（一二七五―一三五一）。しかし金閣寺創建時には夢窓疎石はすでに亡くなっており、高僧の名前を借りた「勧請《かんじょう》開山」とされる。元々西園寺家の土地であったが没収され、義満が譲り受けて自らの別荘地とした。舎利殿（金閣のこと）は室町時代前期の北山文化を代表する建築であったが、一九五〇（昭和二五）年に修行僧の放火により焼失、五年後に再建された。この事件は三島由紀夫の小説『金閣寺』の題材となった。

住所／京都市北区金閣寺町1【地図Ⓐ】 拝観時間／9時～17時

■龍安寺

臨済宗妙心寺派。室町幕府の管領、守護大名であった細川勝元が一四五〇（宝徳二）年に創建した禅寺。開山は義天玄承《ぎてんげんしょう》という禅僧。応仁の乱で焼失するが、一四八八（長享二）年に再建。その後、豊臣秀吉や徳川幕府により保護を受けた。白砂に一五個の景石が配置された枯山水の方丈石庭で知られるが、作者は未だ不明。一九七五（昭和五〇）年にイギリスのエリザベス女王がこの庭を絶賛したため、世界的に有名となった。

住所／京都市右京区龍安寺御陵下町13【地図Ⓐ】

拝観時間／8時～17時（12月1日～2月末日は8時30分～16時30分）

〈オススメの店〉

山猫軒

龍安寺と道を挟んで向かい側にあるカフェ。地下に降りると、明るく緑に溢れた空間が広がる。広々とした店内に海外のヴィンテージ家具が置かれ、ゆっくり寛げる。コーヒーはハンドドリップで淹《い》れられ、また食事が充実しており、ケーキやワッフルなどのスイーツも美味しい。

住所／京都市北区等持院北町39-6【地図Ⓐ】　電話／075-462-6004

営業時間／10時～19時　定休日／第2・第4木曜

2　夢窓国師が造ったこの世の極楽浄土、天龍寺と苔寺

庭は「天国」「極楽」の意味がある

住む場所や人種、宗教は違えど、庭はそれぞれの国の宗教的な〝天国〟や、〝極楽〟などの理想郷を表す役割を担っている。

たとえばイスラム教では、イスラム庭園は「現世の楽園」を表す。コーランの中でモハメッドは、「死後の国では、水がこんこんと湧き、緑豊かで、食べられる果実がたわわに実る庭が存在する」と説いた。その場所は古代ペルシャ語で「pairidaēza」といい、「Paradise（楽園《パラダイス》）」の語源となった。

ヨーロッパでも同じ。聖書の中で、庭は理想の楽園「エデンの園」を表すものであり、緑が生い茂り果実のなる木が植えられた、素晴らしい場所であるとされる。

では日本ではどうか？　仏教にも「極楽浄土」がある。死後に、徳を積んだ者だけ

が行ける世界。そして日本庭園の中にも極楽浄土を表現した庭園がある。

それは京都の西山の麓《ふもと》、松尾《まつのお》にある「西芳寺《さいほうじ》」の庭。美しい苔《こけ》が有名なため「苔寺」という名前でも呼ばれる。

ここは私たちが生きたまま訪れることのできる地上の楽園＝極楽浄土なのだ。

極楽浄土を〝造った〟国師・夢窓疎石

西芳寺の庭を造ったのは、前章でも紹介した夢窓疎石という禅僧。彼が造った庭園は後世、多くの庭に影響を与え、また「枯山水」の原型も造ったと言われる。

夢窓疎石は伊勢国（現在の三重県）出身で、わずか九歳で出家。日本各地で修行し、同時に庭造りも行った。彼にとっての庭造りは仏教の世界を表現するもの。修行と作庭はセットで行われた。

夢窓疎石は夢窓国師とも呼ばれる。「国師」というのは国で最も位の高い僧に与えられる称号で、天皇からのみ与えられるもの。彼は生前と死後（！）、七人の天皇から七度にもわたり（！）、この「国師」の称号を賜《たまわ》っている。

しかも、彼はただ位の高いだけのお坊さんではない。将軍・足利尊氏に対しても政治的発言力を持ち、重用されていた人物なのだ。そんな彼の業績を、彼が造った庭と一緒にご紹介したい。

西芳寺の苔と石組

夢窓国師が、仏教の理想の世界である「極楽浄土」を表そうとして造ったのが、西芳寺の庭。

ここを拝観するには、一週間前までに往復ハガキでの申し込みが必要。冥加料（三〇〇〇円）もお高いが、庭の素晴らしさや維持管理の見事さを考えると、一見の価値があるので、ぜひ見に行って欲しい。

庭を見る前に、まずは心静かにお参りする。お堂の襖《ふすま》を飾るのは京都生まれの日本画家・堂本印象《どうもといんしょう》の絵。モダンな抽象画のデザインが秀逸で、古い建物との調和も素晴らしい。襖の引手のデザインもとてもおしゃれだ。

いよいよ庭に入って行くと、美しい苔の世界が広がる。この池のある庭が「極楽」

を表すと言われている。木漏れ陽《こもれび》の中に浮かぶその光景はとても美しく、もし極楽浄土がこのような場所であれば、心清らかな毎日が過ごせるだろうと思う。

しかし驚くことに、この庭が造られた当初、苔はなかったらしい。応仁の乱で荒廃し、人々から忘れられ、放置されたおかげで庭が苔に覆われた。自然と時間の力によって、人の力が及ばない真の「極楽浄土」となったのだ。そんな歴史も、この庭が神秘的な雰囲気を醸《かも》し出す要因だろう。

池を離れ石の階段を登って行くと、下の庭とは趣きの異なった景色が広がる。山道を登りきると、小さなお堂の向こうに荒々しい滝の石組が広がる。下の庭と比べると一見殺風景だが、実はこの石組がこの庭の一番のハイライトなのだ。

これは夢窓国師の才能が遺憾なく発揮されている場所で、最初から水は流さず、石だけで水の流れを表現した「枯滝《かれたき》石組」と呼ばれる手法だ。大胆に見えて、よく見ると一つ一つの石の組み方が非常に繊細。七百年経った今でも、まるで山中から湧き出た清水が、こちらにざぁと流れてくるようだ。

夢窓国師が気に入っていたモチーフの鯉魚石も置かれている。心静かにこの枯滝石組を見ていると、水の流れや音までも想像できるから不思議だ。国師が優れた作庭家

西芳寺　苔の庭と黄金池

西芳寺　枯滝石組

であったことが窺《うかが》える。

お堂の中には夢窓国師の像が安置され、枯滝石組の方を見つめている。自分の最高傑作を死後何百年経っても眺められるとは、高僧もさぞ満足であろう。

天龍寺の滝石組

嵐山にある天龍寺の庭も、この夢窓国師のデザイン。

一三三九（暦応二）年、足利尊氏は、後醍醐天皇の死を弔うため、夢窓国師のアドバイスに従って天龍寺を開く。初代住職はもちろん夢窓国師。

しかしお寺を造るうちに資金はなくなってしまう。まだできて間もない室町幕府は、南朝との戦いが原因で財政的に逼迫《ひっぱく》していた。

どうしたらいいものか、尊氏は夢窓国師に資金繰りを相談する。

そこで夢窓国師が提案したのが「中国・元との貿易を再開する」という案であった。アドバイス通り尊氏は中国との貿易を始め、貿易船を送る。これが教科書に載っている「天龍寺船」の始まり。中国との貿易は天龍寺の庭を造るために始まったのだ。そ

して この貿易のおかげで足利尊氏は莫大な利益を上げ、庭の造営費の捻出のみならず幕府の財政も潤い、その後の繁栄を極めた。

夢窓国師はなかなかやり手の「政治家兼、経済アドバイザー兼、お坊さん兼、作庭家」というマルチタレントだったのだ。

ここの庭で見逃してはいけないのが、池の向こう岸にある「龍門瀑《りゅうもんばく》」の滝石組。かつては水が流れていたが、明治時代に枯れ、水は流れていない。しかし夢窓国師の造った石組が見事なので、まるで今も水が流れているかのように見える。ここにも鯉の形をした鯉魚石が置かれている。この鯉魚石の形は西芳寺のものと少し違い、マトリョーシカの人形のような形をしている。西芳寺のものは龍に変身する前の鯉の姿だが、天龍寺のものは今まさに鯉から龍に変わろうとする姿が表現されている。躍動感溢れる様子を一つの石で表現するところに、夢窓国師の感性の鋭さが表れている。

滝に水が流れている景色や、鯉が龍に変わる姿を想像しながらこの庭を眺めると、また違った時間の過ごし方ができる。

夢窓国師が七百年前に造った美しい世界を、ぜひ体験して欲しい。

天龍寺の庭

天龍寺　龍門瀑

■西芳寺（苔寺）

奈良時代に行基《ぎようき》が開創。一三三九（暦応二）年に夢窓疎石を迎えて再興。臨済宗。「心」の字を象《かたど》る黄金池を囲む池泉回遊式庭園や、岩倉具視が幕末に住んだ湘南亭で知られる。一九九四（平成六）年、世界文化遺産に登録された。

拝観は要予約。希望日の一週間前までに往復ハガキに希望日、人数、代表者の住所・氏名・電話番号を明記し応募すると、返信ハガキに拝観日と時間が書いて送られてくる（冥加料三〇〇〇円）。

住所／京都市西京区松尾神ヶ谷町【地図Ⓕ】

■天龍寺

臨済宗天龍寺派の大本山。足利尊氏が後醍醐天皇の霊を慰めるため、一三三九（暦応二）年、夢窓国師を開山として創建。室町時代には京都五山の第一位を占めた。八度にわたる大火で創建当時の建物は失われたが、明治になって再建された。方丈には藤原時代の釈迦如来坐像を安置。境内には季節ごとに楽しめる様々な花が植えられているので、植物を眺めながら巡るのもお勧め。

住所／京都市右京区嵯峨天龍寺芒ノ馬場町68【地図Ⓔ】
参拝時間／8時30分～17時30分（17時30分閉門、10月21日～3月20日は17時閉門）

〈オススメの店〉
老松　嵐山店
京都で一番古い花街・上七軒に本店のある、一九〇八（明治四一）年創業の和菓子店。夏みかんをくり抜いて戻した寒天ゼリーの「夏柑糖《なつかんとう》」は和菓子屋さんならではの味で、さっぱりとして美味しい（販売期間は四月一日～七月初旬まで。夏みかんが終わり次第終了）。茶寮では、本わらび粉を練ったわらび餅も食べられる。和風の素敵な庭を見ながらゆっくりお茶がいただけるので、嵐山観光の休憩にちょうどよい。
住所／京都市右京区嵯峨天龍寺【地図Ⓔ】　電話／075-881-9033
営業時間／9時～17時（茶寮は9時30分～16時30分）　定休日／年中無休

3　紅葉と苔を楽しむ庭——宝鏡寺と黄梅院

「京都流」紅葉の楽しみ方

一一月に入ると京都は紅葉シーズンに突入し、どこもかしこも紅葉を見る人で混雑する。京都人の間では「人がいっぱいで、どこにも出掛けられへん」という会話が繰り返される。祇園や東山や嵐山がいかにひどく混んでいるかを話し、嘆く(笑)。でも、もちろん京都人も紅葉を見に行くのが好き。ちゃんとどこの紅葉が今一番見頃かをチェックして、さっと見に行く。京都人にとって紅葉狩りは大事な行事であり、冬が来る前の一大イベントなのだ。

東京では一一月に入ると街はクリスマスモード。クリスマスツリーの点灯や美しいイルミネーションが街を飾る。しかし京都では、クリスマスなんてどこ吹く風。クリスマスツリーはどこにも登場しない。それは一一月の京都が「紅葉を楽しむ」という大切なイベント真っ只中《まっただなか》だからだ。クリスマスのイルミネーションの代わりに行われるのはお寺の夜間拝観。ライトアップされた紅葉を鑑賞するのが、京都の秋の夜の過ごし方だ。クリスマスのものが登場するのは、すべて「紅葉の後！」なのだ。

私が留学していたカナダでは、紅葉はシュガーメープルの樹々の黄色やオレンジ色の明るいものだった。紅葉といえば赤いモミジをイメージしていた京都人の私にとって、明るい広葉樹のそれはキラキラと眩《まぶ》しく、全く異文化のものだった。しっとりと落ち着いた京都のものとはあまりに違うので、ホームシックならぬ「紅葉シック」にかかったりした。紅葉の深い赤は、秋の心象風景として私の心に根ざしているようだ。

しかし、日本の紅葉が好きなのは外国の人も同じ。

紅葉の時期に、デンマーク園芸協会のグループを京都の庭に案内したことがあるが、見事な赤いモミジに皆さん大喜びだった。デンマークにもこれほど深い赤の紅葉はないらしい。彼らにとってこの赤い紅葉は、日本でしか見ることのできない風景。日本庭園の苔や白砂に映えるモミジは、外国の人の心もギュッと摑《つか》むのだろう。

この章では、そんな京都の美しい紅葉を楽しめる庭を紹介したいと思う。

どちらも苔との美しい対比が見られる庭。紅葉の美しさを引き立たせるのは、やはり苔だからだ。

人形の寺・宝鏡寺の庭

一つめは宝鏡寺《ほうきょうじ》。春と秋の二回公開され、毎年秋は一一月一日から三〇日まで特別公開される。人形の寺としても有名。

ここは「百々御所《どどのごしょ》」とも呼ばれたお寺で、代々天皇家の皇女が住職を務める尼門跡寺院であった。入寺した皇女のために御所から多くの人形が贈られたので、今も貴重な人形を所蔵、特別拝観の時に公開される。一〇月一四日には人形供養祭も行われる。

本堂から庭を眺めると、美しい樹形の大きなイロハモミジと苔が目を引く。スッキリとシンプルな庭なので、紅葉の美しさがより際立つ。縁側に座ってゆっくり眺めるのがよい。

庭の手前には四角の石が据《す》えてある。これは「御輿寄《おこしよせ》の石」と呼ばれるもので、姫君を乗せた輿を置く場所。お姫様が歩かなくてもいいようにドア・トゥ・ドアで運ぶ、タクシーが停まる場所みたいなものだ。

面白いのは庭の左隅の木陰《こかげ》にある「御物見《おものみ》」と呼ばれる小さな建物。自由に外出できない姫君が、お祭りの神輿が通る時などに、ここから覗いて一緒に楽しんだ。お姫様も庶民の生活に興味があって、そっと中から眺めていたのだ。

本堂には江戸時代に狩野探幽《かのうたんゆう》が描いた襖絵《ふすまえ》「秋草図」がある。博物館ではなく、この場で見られるのはとても貴重。個人的には、二〇〇四年に描かれた日本画家・河股幸和氏の鹿の絵が好きだ。葡萄の木の下でくつろぐ鹿の姿が何とも愛らしい。

裏には「鶴亀の庭」もあり、亀に見立てた島と、鶴が臥《ふ》した姿に見立てた池を見ることができる。幕末に公武合体のため徳川家茂《いえもち》に嫁いだ皇女和宮《かずのみや》（先年、NHK大河ドラマ「篤姫」で堀北真希が演じた役）も、幼い時にこの庭で遊んだそうだ。歴史の教科書でしか知らない人物が、この寺では身近に感じられるのも魅力だろう。

時間を忘れる黄梅院の庭

二つめは大徳寺の黄梅院《おうばいいん》。春と秋だけ公開されている（ちなみに二〇一五年は一〇月一〇日から一二月六日までの公開）。元々、織田信長が父の供養のため建てた黄梅

黄梅院　直中庭

庵という小さな庵であったが、その後、豊臣秀吉、小早川隆景によって改築され、黄梅院となった。

入口にはイロハモミジの木立と苔の絨毯《じゅうたん》が広がり、光が射すと大変美しい。真《しん》の敷石《しきいし》（フォーマルな場所に使われる、切石のみで構成された敷石）を歩いて中に入ると、入口からは想像できないほど奥の庭が広く、見事な緑の苔と楓《かえで》の紅葉を見ることができる。

最初にある庭が「直中庭《じきちゅうてい》」。千利休が六六歳の時に造った庭で、秀吉の希望で瓢《ひょう》簞《たん》を象《かたど》った形の池になっている。利休作の庭は珍しい。同じく大徳寺にある千家菩提寺の聚光院《じゅこういん》の庭園と並んで貴重な庭だ。左に据えられている灯籠《とうろう》は加藤清正が朝鮮から持ち帰ったもの。歴史上の人物たちが残した軌跡が至るところにある。

この庭は千利休の庭らしく、決して華美ではないが、落ち着いた雰囲気がとてもよい。池の端に植えられたススキが侘《わ》びた風情を醸し出し、見ているだけで気持ちが落ち着く。

その隣にあるのは「破頭庭《はとうてい》」という庭。直中庭とは一変し、こちらは白川砂《しらかわすな》が美しいシンプルな庭。作者は不明らしいが、天正年間（一五七三—一五九二）に造られている。手前半分は白川砂のみで構成されているが、桂石で区切った向こう側には苔が敷かれ、観音菩薩と勢至《せいし》菩薩に見立てた二石が置かれている。

こちらは凜《りん》とした空間で、背景のイロハモミジと苔、白川砂のコントラストがとても美しい。白川砂とは京都の白川から採《と》れる白い小石のことで、「白川」という川の名も、川底で白く光るその小石に由来すると言われる。銀閣寺の庭の銀沙灘《ぎんしゃだん》や向月台もこの白川砂が使われている。枯山水の庭で多く用いられたが、採取し過ぎたため、もう白川には残っていない。現在は中国から輸入しているらしい。日本庭園に重要な資材もだんだん中国産のものに代わってきている。秀吉や利休が知ったらビックリするかもしれない。

この庭で過ごしていると時間を忘れてしまう。先人たちがこの景色を見ながらどんな会話を交わしていたのか、想像するのも楽しい。秀吉や千利休も、庭の紅葉を見ながら一緒に茶を飲み、「この季節の京都は、どこも紅葉が綺麗でいいねぇ」などと話していたのかもしれない。

黄梅院　入口の楓と苔、真の敷石

黄梅院　波頭庭

■宝鏡寺

開山は室町時代の応安年間（一三六八―一三七五）。もと建福寺という寺であったが、光厳《こうごん》天皇の皇女が漁網に掛かった聖観世音菩薩を奉じ、寺名を改めて宝鏡寺としたと伝えられる。その後、歴代天皇の皇女が入寺する尼門跡寺院とされた。皇女に贈られた人形を多数所蔵しているため、人形寺として親しまれる。通常は非公開だが、春と秋に人形展が開かれる。

住所／京都市上京区寺之内通堀川東入ル百々町547【地図Ⓒ】

拝観時間（春と秋の特別公開時）／10時～16時閉門（受付は15時30分まで）

■黄梅院

大徳寺塔頭《たっちゅう》。一五六二（永禄五）年、織田信長により「黄梅庵」として創建。その後、豊臣秀吉、小早川隆景により諸堂の改築がなされて、黄梅院と改められた。本堂、唐門、庫裏は国の重要文化財。武野紹鷗《たけのじょうおう》の茶席「昨夢軒」や、千利休の作庭した「直中庭」などでも知られる（二〇一五年現在、本堂改築中のため「破頭庭」は拝観不可）。

住所／京都府京都市北区紫野大徳寺町83―1【地図Ⓓ】

拝観時間（春と秋の特別公開時）／10時〜16時

〈オススメの店〉

茶ろんたわらや 小川店（俵屋吉富）

宝鏡寺から徒歩一分のところにある、和菓子の俵屋吉富《たわらやよしとみ》が運営する茶寮。上生菓子と抹茶をカジュアルな雰囲気で楽しめる。春夏は、本わらび餅や白玉宇治金時などのかき氷、秋冬は、栗善哉《ぜんざい》や抹茶善哉などの季節限定メニューがある。

隣にある店舗では、ここでしか買えない可愛らしい干菓子が販売されている。クリスマスツリーや雪だるまの形をしたモダンな干菓子もあるのでお土産にピッタリ。この小川通は表千家や裏千家が並び、風情があってとてもよい。

住所／京都市上京区寺之内通小川西入ル宝鏡院東町592【地図Ⓒ】
電話／075-411-0114　営業時間／10時〜17時（店舗は18時まで）
定休日／火曜

4　建仁寺「潮音庭」の三尊石

カナダ人クラスメートの「大きな勘違い」

日本に来た庭好きの外国人によく聞かれる質問がある。竹林や苔はどこで見られるのか？　そして「ニンジャブーツ」はどこで売っているのか？

「ニンジャブーツ」とは一体何だろう？　と最初は思った。しかし話をよく聞いてみると、「日本の庭で作業している庭師さんが履いている靴下だ」という。

それは地下足袋《じかたび》のことだった。よく職人の人たちが履いている、足の先が二つに分かれ、上の部分を爪で留める履物。庭の職人さんにとって必需品で、木に登る時は滑りにくく、苔の上を歩いてもダメージを与えにくい、という優れもの。

海外からの観光客のなかには、地下足袋のことを「ニンジャブーツ」と呼び、「忍者が履いている履物！」と思い込んでいる人がいる。

初めてニンジャブーツについて聞いてきたのは、カナダ人のティム（当時二三歳）だった。彼は私が通っていたカナダのナイアガラ園芸学校のクラスメート。トロントから一時間ほど車で行ったハミルトンという小さな工業都市の出身だった。

ティムがニンジャブーツと出会ったのは、私たち三年生のクラスメート一〇名で、日本に二週間の修学旅行でやって来た時だ。せっかくクラスに日本人がいるんだから、日本に行こう！　ということで、日本を旅して庭を見て回った。京都に滞在中、一人でショッピングに行ったティムは、帰って来るなり大満足の顔で私を呼び止めた。

「ユリ！　かっこいいニンジャブーツとコスチュームを発見したぞ！」

彼の姿を見ると、なんと足には地下足袋、そして工事現場でとび職の人がよく穿《は》いているダボッとしたズボンを着用している。それもかなりの具合で裾《すそ》を〝膨らませた〟デザインだ。

ティムはたいそうな倹約家＝ケチで、カナダでも滅多《めった》に買い物をしない。いつも同じボロボロの服を着ていた。そんな彼がなんと、地下足袋とダボダボパンツとベストを二揃い、即決でお買い上げしていた。

私は「それは断じて忍者のコスチュームではない！」と彼に言ってあげたかったの

だが、そんな野暮なことはとても言えないほど幸せそうだったのである。

日本からカナダに帰国してすぐ、彼は地元ハミルトンで開催されるお祭りに私たちを誘ってくれた。当日彼が着ていたのが、この「ニンジャブーツとダボダボパンツとベスト」のフルセット。小さな町で彼はかなり目立っていた。次々に出会う幼馴染みたちに、彼は自慢げにこう言った。

「俺は日本に行って、ニンジャブーツとニンジャパンツを買って来たんだぜ!」

ハミルトンの同年代くらいの若者たちには、友達が日本に行ったというのはビッグニュースだった。

「ニンジャの国に行ったんだ!　すっげぇ〜!」

みんな羨望のまなざしでティムの話を聞いていた。

それから八年経つが、あれは忍者の衣装ではないことを、未だにティムに言えていない。彼は去年までイギリスの園芸学校に通っていた。ロンドンの街を、地下足袋とダボダボパンツで颯爽と歩く姿を勝手に想像しては微笑んでいる。

今回は、そんな彼と訪れた思い出の庭、祇園にある建仁寺の庭をご紹介したい。

額縁効果で、より一層美しい庭

建仁寺は鎌倉時代の一二〇二（建仁二）年、栄西禅師を開山とし、鎌倉幕府二代将軍・源頼家によって創建（開基）された寺。

「潮音庭《ちょうおんてい》」は、どの方向からも眺められるようにデザインされた庭で、楓の木に囲まれた苔の庭に佇む三尊石《さんぞんせき》の風景は素晴らしい。秋の紅葉が美しいが、私は青紅葉が映える新緑と冬の季節によく訪れる。冬は人が少なく静かな雰囲気を楽しめ、また緑がない分、石組の良さが際立つ。

この庭は今人気の作庭家で、石組を得意とする庭師、北山安夫の監修。普通、三尊石組は一方向から見ることを考えて組まれるが、ここは二つの建物と、それを渡す二つの廊下、計四方向から見ることを踏まえて三尊石が組まれている。三尊石とは仏像の三尊仏のように、中央に背の高い主石を据え、左右に主石よりも低い添石を配した石組のこと。それを四方向から見て不自然にならず、全体の形も美しく見せるのは至難の業《わざ》と思われる。石を注意深く選び、美しく組む手法は、さすが石組を得意とする庭師の仕事！　と感銘を受ける。

建仁寺　潮音庭の三尊石

この庭は、建物の中から額縁効果で見ると、より一層美しさが引き立つ。石と苔、そしてそれを囲む楓やドウダンツツジの配分がとてもよい。淡路島の園芸学校時代、日本庭園の授業で先生が「日本庭園は建物の中から見ていかに美しく見えるかが大切。額縁によって切り取られた景色のその先が一体どうなっているのか、見る側に想像させることが重要なんだよ」と教えてくださった。この庭を見ているとその言葉がよく理解できる。

きちんと正座して眺めると、目で見る景色と想像の景色の両方が楽しめる。

■建仁寺

臨済宗建仁寺派の大本山。開山は栄西禅師。開基は鎌倉幕府二代将軍・源頼家。鎌倉時代の一二〇二（建仁二）年の開創で、寺名はその年号にちなむ。開山の栄西禅師は、中国から茶種を持ち帰り、日本では廃れていた喫茶の習慣を普及させた「茶祖」としても知られる。方丈前庭「大雄苑《だいおうえん》」は枯山水様式の庭。白砂で表現された大海に七・五・三、合計一五個の庭石が配置されている。こちらもいい庭なので、ぜひ見てほしい。

住所／京都市東山区大和大路通四条下ル小松町【地図Ⓖ】

拝観時間／10時～17時閉門（11月1日～2月末日は16時30分閉門）

〈オススメの店〉

ZEN CAFE（ゼンカフェ）

建仁寺から徒歩五分の裏路地にある、センスのよいカフェ。くずきりで有名な鍵善《かぎぜん》良房《よしふさ》がプロデュースした店で、くずきりと同じ吉野葛で作ったくずもちや、季節の上生菓子、フルーツサンドなどが味わえる。一つ一つの菓子が丁寧に作られており、とても美味しい。二階のギャラリーショップ「昂 ＫＹＯＴＯ」は、店主がセレクトしたヨーロッパのアンティークや和食器が並ぶ、大人の女性のための空間で、とても素敵。

住所／京都市東山区祇園町南側５７０－２１０【地図Ⓖ】　電話／０７５－５３３－８６８６

営業時間／カフェ11時～18時（17時30分ＬＯ）　ショップ10時～18時

定休日／月曜（祝日の場合は翌日休）

（昂 ＫＹＯＴＯ　電話／０７５－５２５－０８０５　営業時間／12時～18時　定休日／月・火曜、不定休あり）

5 泣かせる庭——東福寺、重森三玲の庭

庭を見て泣いた二人の外国人

庭を見て泣いたことはあるだろうか？

感動したり、幸せな気分になることはあるが、私はまだ泣いたことがない。

外国の人に庭を案内して今まで二人、庭を見て泣いた人がいた。

それは偶然にも同じ庭。京都、東福寺の北庭、切石と苔の市松模様が美しい「小市松の庭園」だ。


庭を見て泣いた一人は五二歳のイギリス人女性。

彼女は二人の子供を育てあげ、これからという時に旦那が店の従業員の女性と浮気し家出、そして離婚。その後、子宮摘出の大手術を受け回復したあと、五〇歳で園芸

学校に入学してガーデニングを学んだという経歴の持ち主。いつも大らかで、いかにも「よく喋《しゃべ》るイギリスのおばちゃん」といった彼女が、この庭を見たとたん、その場でポロポロ泣き始めた。

なぜ泣いているのか尋ねると、「この庭を見た時、今までの自分の人生は何も間違ってない、と言われたような気がして。そしたら心がスーッと軽くなって、泣いてしまったの……」と語った。

もう一人は四七歳のデンマーク人の女性。

彼女は独身でとてもスタイリッシュな女性。四〇を過ぎてから再び大学院に通い、一生懸命勉強して子供のためのセラピストになった。お父さんを早くに亡くし、お母さんをずっと支えて生きてきた人だ。

彼女もやはりこの庭を見てポロポロと泣き始めた。理由はやはり、「肩の荷が降りたような気分になったの。今までの苦労が報われた気がして……」。

およそ五〇年という人生を生き、酸いも甘いも知った年齢だからこそわかる心境なのかもしれない。

「苦しみ」や「悲しみ」という経験の果てに「美しいものをより深く理解できる心」

が備わるのなら、年を重ねて「辛いことに耐える力」を備えていくことも悪くない。

昭和を代表する作庭家

人を泣かせるこの東福寺の庭は、一九三九（昭和一四）年に重森《しげもり》三玲《みれい》という昭和を代表する作庭家によって造られた。

この時、三玲は四三歳。自邸以外でデザインした初の作品。この歳で初めての作庭とは、かなり遅咲きである。

彼は若い時に美術大学に入り日本画を学んだ。二六歳の時に文化大学院なるものを創設しようとしたが、関東大震災によって断念。三〇代で新興いけばなを広めようとしたが、家元制度の壁が厚く、うまくいかなかった。

しかし、一九三四（昭和九）年の室戸台風により京都の庭園の多くが荒廃。復元修理のため、四〇歳の時に自ら、日本各地の庭園の実測調査を始める。この調査費捻出のため、奥さんは自宅で下宿屋を始めて、経済的に彼を支えた（なんとこの前年に生まれた赤子も含め、彼にはその時、四人の子供がいた）。

三玲が実測した庭園はなんと五〇〇カ所近く。そして二六巻から成る『日本庭園史図鑑』を刊行する。

それが縁となって東福寺の和尚から作庭を頼まれ、素晴らしい庭が完成した。そして、これが彼の代表作となった。

彼の作品は高く評価され、その後二〇〇以上の庭をデザインする。決して最初から順風満帆だったわけではない。紆余曲折ある人生を乗り越えてのことだった。

彼は晩年、「ついに東福寺の庭を超えられなかった」と語っている。東福寺の庭に彼の情熱を全て注いだのだろう。だからこそ苦労してきた人を「泣かせる庭」なのかもしれない。七〇年以上経っても、重森三玲の情熱は庭を通して伝わるのである。

東福寺の方丈庭園

東福寺は、鎌倉時代に建立された臨済宗東福寺派の大本山。

東福寺本坊の方丈を囲んだ四つの庭園は、すべて重森三玲のデザインによるもの。

東福寺方丈「八相の庭」という名称だったが、二〇一四（平成二六）年に国指定名勝

東福寺　方丈庭園　南庭（東福寺提供、左頁も）

東福寺　方丈庭園　北庭「小市松の庭園」

に登録されたことで「国指定名勝　東福寺本坊庭園」と改名した。

まず目に入るのは、廊下の右手に現れる東庭。ひしゃくの形に配置された七個の石の円柱は北斗七星を表す。背景の高低差をつけた二つの生垣は、天の川を表している。他の日本庭園にはあまり見られない、ロマンチックな意匠になっている。

この石の円柱は、もともと東司《とうす》（お手洗いのこと）に使われていたもの。禅僧はひしゃく一杯の水で身や心を清める、ということから、ひしゃくをテーマにしたとも言われる。こういったところに、重森三玲の遊び心を感じる。

方丈庭園はダイナミックな石組が見どころ。六メートルもある細長い石を寝かせ、荒い表情の石を立たせることで、他の庭にはない大胆な景色を生んでいる。神仙思想という不老不死の仙人が住む世界を表しており、荒波の中そびえ立つ蓬莱山《ほうらいさん》の様子が見事に表現されている。また京都五山を表した築山も、この庭をより面白いものにしている。

重森三玲は、モダンで前衛的な作庭家と思われがちだが、数多くの庭園を実測した経験から、どの距離が一番美しく見えるか、全てデータとして知っていた。彼のデザインは、全てこうした実測データと、庭園を見て回った経験に基づいている。決して何となくできたものではないのだ。そしてそれは、先人たちが造った庭への尊敬の表れでもある。

建物の裏に回ると、人を泣かせる北庭の「小市松の庭園」がある。切石と苔の緑のコントラストが美しく、遠くに行くほど石は少しずつフェードアウトしていく。これは、仏教が西に生まれ東に広まる様を表したものであるとか、また三玲が好きだった紅葉したもみじが苔に散らばる景色を表したもの、とも言われる。

ここに使われている切石は、もともと勅使門《ちょくしもん》から方丈まで敷き詰められていた敷石を再利用したもの。古いものを使うことで先人達の歴史を庭に託すという、彼の思いを感じる。

市松模様の切石がだんだん仄《ほの》かに消えていくバランスは、ため息が出るほど美しい。ずっと眺めても全く飽きない。絶妙な距離感を知り尽くした三玲にしかできない、素晴らしいデザインだ。

私はまだこの庭を見て泣いたことがない。まだまだ人生の経験に乏しく、その境地に至っていない。いつかこの庭を見て自分の人生を振り返り、清々しい涙を流してみたいと思っている。

東福寺　方丈庭園　東庭（東福寺提供）

■東福寺

臨済宗東福寺派大本山。鎌倉時代、摂政藤原（九条）道家が宋から帰国した禅僧・円《えん》爾《に》を開山に迎えて開基。京都五山の一つ。度重なる兵火、失火で諸堂が失われたが、その都度再建され、特に禅宗伽藍を代表する三門（国宝）など、室町時代の貴重な建築が残る。紅葉の名所としても知られる。

重森三玲が作庭した「龍の庭」は、海中から現れた龍が黒雲に包まれ昇天する姿を、石組で表現している。

住所／京都市東山区本町15-778【地図⑪】

拝観時間／9時〜16時（4月〜10月末）、8時30分〜16時（11月〜12月初旬）、9時〜15時30分（12月初旬〜3月末）

〈オススメの店〉

小西いも

東福寺から伏見稲荷大社までは徒歩一五分ほどで着く。その途中にある「おいも屋さん」。

焼きいもや蒸しいももあるが、一番のお勧めは大学いも。厚切りにカットして揚げた薩摩いもには、サラサラした甘い蜜がかかっている……というより、おいもが蜜に浸っている。ホクホクしていてペロリと食べてしまう。ここでおいもを買ってから、お稲荷さんの千本鳥居をくぐるのも楽しい。

住所／京都市伏見区深草稲荷榎木橋町30【地図Ⓘ】

電話／075-641-5629　営業時間／9時30分〜18時　定休日／不定休

6 「石萌え」する庭――光明院

庭の魅力とは「石の魅力」

「いい庭の条件」とは、デザインがいいことや、その場所に適した植物が使われていること、などが挙げられるが、一番大事なのは「維持管理がきちんとなされているか」ということだ。

完成した時の状態がいいだけでは良い庭とは言えない。何年経ってもきっちりと維持管理がなされ、先のことも考えられたデザインでないと良い庭にならない。アメリカのガーデンデザイナー、ジュリー・M・メサビーも、「庭は、植えた木の最後の葉の一枚が落ちるまでを想像して、デザインしなければならない」と語っている。

明治神宮の森も、百年後の自然の状態を当時の学者たちが考え、都会でも育つ椎《しい》・樫《かし》などの照葉樹を中心に植栽した。何年も先の植物の姿を予測し、周りとの調和を考えてこそ、素晴らしい庭のデザインは完成する。

美しいといわれる日本庭園は、維持管理も素晴らしい。枯山水の庭は一見手入れが楽なように見えるかもしれないが、定期的に波紋の模様を描き、小まめに苔の手入れや雑草抜きをしなければ、美しい庭にはならない。シンプルに見えても手間がかかっているのである。もともと禅寺の庭の手入れは禅僧の修行の一環であった。庭を綺麗にし、植物の世話をすることが、心を清め、自分を高めることにつながるのだ。

日本庭園の美しさを決める、もう一つの大事な要素がある。

それは「石」だ。

良い石を使うとその庭の格は上がる。石そのものだけでなく、美しい形の灯籠や手水鉢《ちょうずばち》があるだけでその庭の魅力が一段と上がる。

庭の魅力とは、石の魅力なのだ。

美しい石や灯籠のある庭を見ると胸がときめき、惚れ惚れと眺めてしまう。私はそれを「石萌え」と呼んでいる。

私が最も「石萌え」した日本庭園は、先述の夢窓国師が造った西芳寺の枯滝石組と、重森三玲が作庭した光明院の庭だ。どちらの庭もメインは石。これらの石から感じるパワーがすごい。

なぜ石で萌えるのか。二つの庭の石の魅力についてお話ししたい。

ふたたび西芳寺の庭——古墳の石へのこだわり

西芳寺の枯滝石組は水を流さず、石だけで滝の流れを表現している。水のない乾いた山の中腹にいるのに、眺めていると不思議と水が流れる様子が目に浮かぶ。それは石の選別と組み方が抜群にいいからだ。

長い年月の間にゴツゴツとした石は雨風にさらされ、苔むし、周りの風景と馴染んでいる。石まで修行を積んでいるようだ。

夢窓国師は、この滝組を作るために近くにあった古墳の石を使った。現代では神聖で歴史的に価値のある古墳を破壊する行為はまず許されない。しかし当時は、古い石の持つ神通力を借りることで、より神聖なものに近づくと考えられていた。古墳の石を使うことで夢窓国師が作った枯滝は神聖なものになった。神々しく見えるのは石のお陰と言える。

古墳の石を使ってより良い枯滝石組を作ろうとした夢窓国師のこだわりが伝わる。石を通して国師が表そうとした世界観を知ることはとても楽しい。七百年前の作り手の想いを身近に感じられる瞬間はそうない。素晴らしい絵画や音楽と同じように、はるか昔に生きた人の作品に触れると心動かされる。

そこには時間の経過という要因も加わっている。何百年もの時を経た石は趣きが出て、より深みを増して見える。

石の魅力はそこにある。

光明院の庭——石のみで光の美しさを表現

光明院は東福寺の塔頭で、南門から歩いて五分ほどの所にある。寺院内にある「波《は》心庭《しんてい》」は、一九三九（昭和一四）年に重森三玲によって造られた庭。

光明院という寺号にちなんで、三つの三尊石から差す光明を、直線的に石を配置することで表現している。他の庭と比べて石の数がかなり多いのだが、乱雑な感じはな

光明院　波心庭

く、整然とした印象を与える。それは計算された石の配置だからだ。美しく見える距離を、三玲はデータとして知っていた。

光が差す様子を石だけで表すとはすごいデザイン力だ。

初めてこの庭を見た時は衝撃を受けた。庭に差し込む光が見えるようで、しばらく立ち尽くしてしまった。見たこともない光景に圧倒され、石がこんなにも美しく見えることに驚いた。

重森三玲は石組という日本古来の伝統技術を、昭和になって再び作り上げ、芸術の域に昇華させた人だ。

彼の石へのこだわりはすごい。京都大学の近くにある自邸(現在の「重森三玲庭園美術館」)の枯山水庭園も、自身の設計。彼はここに据えた三尊石の石組に満足せず、庭が完成した後も何度もやり直したという。やり直すたびに重機を塀の外に停め(家の中に入らなかった)、クレーンで石を替える作業を行った。しかし決して満足しなかったらしい。

この「波心庭」に使われている石は、全てすっくと立っている。三玲は「石を立てることが石組の本来の姿」と考え、石を立てて使うことを好んだ。

また、白砂で海を表し、苔で州浜《すはま》（砂浜のこと）を表している。この庭の州浜の曲線は美しく、彼が得意とする優美なラインが存分に発揮されている。誰にも真似できない彼独自の曲線だ。

彼が描く曲線はモダンで絵画的。芸術家としてのバランス感覚が、こういったラインに活かされている。

苔に埋められている小石は、浜辺に打ち寄せる波しぶきを表している。しぶきを小石で表現するところも心憎い。ふつうは小石を敷きつめて州浜を表現する技法が使われるが、三玲は苔で州浜を表現し、小石で波のしぶきが浜に打ち寄せる風景を作った。石は主役にもなるし、使い方次第で細やかな風景を作る小道具にもなる。石の使い方一つで庭の魅力はぐっと増す。重森三玲はそういった石の使い方がとても上手い。

細部にまで石にこだわった彼の庭を見ていると、ますます石萌えしてしまう。

庭の背後には、サツキやツツジの大刈り込みがある。刈り込みとは数種類の樹木を混植し刈り込んだ生垣のこと。五月には一面ピンクや赤の花が咲いてとても美しい。紅葉の時期が有名だが、ぜひ五月の頃に訪れてみて欲しい。三玲が石と植物の両方

光明院　波心庭のサツキの刈り込み

の使い方が上手だったことがよくわかる。ピンクの花の中に浮かぶ石の光明は、見る者の心の中を照らし、明るい気分にさせてくれることだろう。ぜひこの庭で「石萌え」していただきたい。

■**光明院**

東福寺塔頭。一三九一（明徳二）年、金山明昶《きんざんみようしよう》という禅僧により開創。方丈前の庭園は「波心庭」と呼ばれる池泉式の枯山水で、州浜型の枯池に三尊石組を配する。背後のサツキやツツジの刈り込みで雲紋を表現、斜面の雲上には茶亭「蘿月庵《らげつ》」（非公開）があり、月が昇る姿を表している。

観光寺ではなく檀家寺なので、大声で話さず静かに見ること。お墓の敷地に入ることも檀家以外禁止。お布施は一人三〇〇円以上を目安に竹筒の中に納める。

住所／京都市東山区本町15‐809【地図①】

〈オススメの店〉

鶴屋弦月《つるやげんげつ》

東福寺駅から東福寺に向かう本町通にある和菓子屋さん。秋限定のぎんなん餅は、餅の中に銀杏の実が二個入っている珍しいお菓子。甘い餡と、銀杏の少し塩味が効いた味が合わさって美味しい。正月に京都で食べられる花びら餅も、この店のものは上品な味。ここでお菓子を買って、東福寺に着く前に食べてしまうこともしばしば。

住所／京都市東山区本町14-255【地図Ⓘ】　電話／075-561-0627

営業時間／9時～18時　定休日／火曜

7　南禅寺と湯豆腐の思い出

デンマーク人が嫌いな食べ物？

デンマーク園芸協会の一行を京都の庭に案内した時の話。日本庭園と植物が大好きな一団で、一週間、庭だけを見てまわるという、マニアックなツアーだった。私が日本庭園と植物の両方を説明できるということで、ガイドとして呼んでもらった。

驚くことに参加者のほとんどが六〇代以上の人たち。デンマークは社会福祉が充実している。働いている時は給料の半分が税金で取られるが、定年退職後の年金はきっちり保証される。仕事も引退し、大好きな日本庭園を見てまわるぞ！　という意気込み満々のおじさんやおばさんたち、二〇人ほどの一団が来日した。

彼らの日本庭園への関心は高く、説明も丁寧に聞いてくれるので、案内もとても楽しかった。デンマーク人はみんな陽気でよく喋る。そして議論好き。結論を出すわけでなく、ただひたすら議論を続けることが好きらしい。冬はみんなで集まり、キャンドルを灯《とも》して一晩中語り合って過ごす。

しかし初めてのことは不安も多いらしく、どこに行くにも何を食べるにも、まず説明が必要。食事も全て説明し終わるまでは誰も食べ始めない。でも明るく優しい彼らと私は大変気が合い、和気あいあいと毎日、庭を見てまわった。

そんなツアーの後半。彼らに、京都ならではの食事を！　と思い、岡崎の有名な湯豆腐屋さんへ案内することにした。

本場京都の美味しい豆腐を一度食べさせてあげようと、湯豆腐コースを予約。コースのメインは鍋にたっぷりの湯豆腐だった。

一通り食べ方を説明すると、彼らも初めて見る料理に盛り上がっていた。しかし途中、様子を見ると、誰も鍋の豆腐を食べていない。田楽や天ぷらは食べているのに、湯豆腐は一口だけ食べて残している。

どうしたのか聞いてみると、全員「豆腐に味がない！」と言う。醤油やタレを付けて食べることを再び説明。しかし豆腐そのものに味がないから食べられない！　と言う。結果、湯豆腐がメインのコースなのに、大量の湯豆腐を鍋に残して帰ったのだった。私はお店の人にひたすら謝った……。

そしてツアー最終日。最後の夜はレストランで食事をしながら、ツアーを振り返る会が催された。皆さんから感謝の言葉をいただき、和やかに会が進んでいった。そんな中、参加者の一人が、司会者にわざと悪い言葉を投げかけるという場面があった。すると司会者はニコニコ笑いながら「そんなこと言ったら、あんたに豆腐を食べさせるぞぉ～！」と一言。するとその場にいた全員が口を揃えて「ノォォォォ～～！」と叫んで大爆笑したのだった。

豆腐がそんなネタに使われるとは！　デンマーク人にとって、豆腐はこの旅で一番苦手な食べ物だったのである。

違う国の人をもてなすのは本当に難しい。日本人が喜ぶ食べ物も、外国人の味覚では全く違うということを、身にしみて感じたできごとだった。

そんな思い出の湯豆腐屋さんから歩いてすぐの南禅寺。豆腐は不評だったが、南禅寺の方丈庭園は大変喜んでもらえた。庭は、彼らの心をガッチリ摑んだ。

方丈庭園は中国の故事がテーマ

南禅寺の方丈庭園は、江戸時代初期に小堀遠州《こぼりえんしゅう》（一五七九―一六四七）によって造られたと伝わる枯山水庭園。

小堀遠州は、安土桃山時代から江戸時代前期にかけて活躍した大名、茶人、建築家、作庭家というマルチタレント。江戸時代には「作事奉行《さくじぶぎょう》」という、今でいう建設大臣のような役職についていて、江戸幕府の主要な建物や庭はこの人の指揮下で建造された。

彼は、キリスト教の宣教師などを通じて伝わった西洋の技術を、庭造りに活かしたと言われている。

花壇や芝生の庭を造ったり、自邸の孤篷庵《こほうあん》には噴水の原理を利用したサイフォン式の手水鉢もあったという。

南禅寺方丈庭園は「虎の子渡し」がテーマ。これは中国の故事で、「虎が子を三匹生むと、その中に彪《ひょう》が一匹いる。そして他の二匹を食べようとするので、川を渡る

南禅寺　方丈庭園

際には、子を彪と二匹だけにしないよう注意を払って運ぶ」という話が基となっている。

方丈から見て左側に大きな母虎の石を置き、だんだん小さな石を据えている。そのお陰で庭に奥行きが出て、実際よりも空間が広く見える。これは「遠近法」の効果を利用した構成と考えられる。

驚くのは、庭の背後にある筋塀《すじべい》（定規筋《じょうぎすじ》と呼ばれる白い水平線を入れた土塀。御所や門跡寺院などに用い、格式により数を増し五本を最高とする。南禅寺の筋塀も五本筋が入っている）の仕掛け。

この筋塀が奥に行くほど少しずつ低くなっているのだ。目視ではほとんどわからないが、石と同じく、塀も少しずつ低くすることで遠近感を出し、庭に広がりを持たせている。

視覚的な効果を狙って庭を設計し、見るものを驚かす、何とも心憎い演出方法だ。彼はこの遠近法がよっぽどお気に入りだったようで、様々なところでこの技法を使っている。新しいものが好きで、何でも試したがりの彼の性格が想像できる。

遠州は、華やかな王朝文化や中国の文化も好んだ。様々な文化の良いところを取り入れる柔軟さが、「綺麗さび」という言葉で表現される遠州の美意識を作ったのかもしれない。国を問わず美しいものを愛する審美眼が、素晴らしい庭造りに生かされているのだ。

一見ごく普通の枯山水の庭だが、こうした演出方法を知るだけで、グッと魅力が増す。デンマークの皆さんも、この庭の遠近法の手法に感心することしきり。遠近法はフランス庭園など西洋の庭にも使われるが、同じ遠近法でも、この方丈庭園が持つ自由な表現方法は、デンマーク人にも新鮮だったようだ。

石と白砂と苔、そして厳選された樹木、たったそれだけで構成されたシンプルな空間。庭の左手に見どころが集まっているのだが、私は右手の空間に惹かれる。あえて簡素にすることで余韻が生まれ、永続的な時間が生まれる。四次元の世界には「時間軸」が加わる。この空間にいるとその感覚が少し理解できるのだ。

きっとこれも遠州の思うツボなのだろう。四百年後のデンマーク人までも感動させる仕掛けを、彼はさらりと残していった。

南禅寺　雪の方丈庭園

■南禅寺

臨済宗南禅寺派の大本山。一二九一（正応四）年、開基は亀山法皇、開山は無関普門（大明国師）。室町時代に隆盛を極め「五山の上」に列せられた。日本初の勅願禅寺であり、高い格式をもつ。三門、方丈などのほか、水路閣も見どころ。通称「虎の子渡し」と呼ばれる大方丈の前庭は小堀遠州作と伝えられ、江戸初期の代表的な枯山水庭園として知られる。また小方丈の襖絵、狩野探幽筆「水呑の虎」も有名。

住所／京都市左京区南禅寺福地町【地図Ⓑ】

拝観時間／8時40分〜17時（12月1日〜2月末日は16時30分まで）

〈オススメの店〉

フロマージェリー アルモニー

南禅寺参道にあるチーズ専門店。専門店が作るだけあって、チーズケーキが濃厚で美味しい。ゴルゴンゾーラ、ゴルゴンゾーラ・フォルテ、マスカルポーネ、生キャラメルとゴーダの四種類。フォルテはゴルゴンゾーラのピューレが多く入っていて、甘さを抑えた大人の味。ワインにも合う。ゴルゴンゾーラと生クリームの濃厚プリンは、二日前までに電話かメールで予約しないと食べられない一品。
店の奥には大きなテーブルが一つ置いてあり、イートインもできる。南禅寺の観光に合わせてぜひ。
住所／京都市左京区南禅寺草川町64【地図Ⓑ】
電話／075-761-4770
営業時間／11時～18時（カフェタイム12時～17時、16時30分LO）
定休日／木曜

8　日本人と桜——平安神宮「神苑の庭」

カナダでお花見をしようとしたら……

春といえば桜。日本人にとって桜は特別な花だ。桜の花が咲くことで私達は春の訪れを実感する。しかし他の国では、違う植物で春を感じるようだ。

中国では梅。日本でも奈良時代は春と言えば梅のことであった。中国人の友人に聞くと、梅の香りをかぐと「春が来た！」とウキウキするそうだ。一方、イギリス人にとって春を知らせる花は、イングリッシュ・ブルーベルという青い花。この花が森一面に咲く光景を見ると、イギリス人は「春キター！」とテンションが上がるそうだ。

カナダの園芸学校に留学していた時の話。カナダは春が来るのが遅いので、桜は五月頃に咲く。みんなを誘って桜の下でお花見をしようと朝からせっせとおにぎりやおかずを作り、お花見弁当を作った。準備万端で寮から徒歩一五分くらいの桜並木に行こうとしたのだが、カナダ人の同級生たちはそこまで行って弁当を食べるのが面倒くさいと言い、結局、寮を出てすぐ裏の殺風景なテーブルで食べることになった。

怒っているのは私一人。カナダ人には桜の木の下までわざわざ行って、花を愛でながらご飯を食べるという感覚が全く理解できないのだ。園芸学校に来るような植物好きの人達でもそんなリアクションであったので、他の人はもっと興味がないのだろう。「春といえば桜の下でお花見！」というのは、日本独自の文化と言える。日本人だからこそ、桜の花が咲くとお花見をしないと気が済まないのかもしれない。文化や風習というものは、小さい頃の思い出に基づいていると思う。大人になってもわざわざやろうという気持ちが、文化や風習を存続させることに繋がるのだろう。

カナダでのお花見の後日談。私があまりにも不機嫌だったので、その後お酒を買い込んでお花見宴会パーティーを開くことになった。夜に仄かなあかりを灯して、桜の下、ビールや日本酒を飲むパーティーをしたのだが、これは大いにうけた。

カナダ人にとって屋外でお酒を飲めるのは至極の幸せ。原則として決められた場所以外は、公共の場での飲酒が禁じられているので、屋外で飲むといえばパブの外のスペース。花を愛でつつお酒を飲むという感覚は初めてだったのかもしれない。

すっかりこの風習を気に入り、私が卒業した後も「お花見酒飲みパーティー」は春の恒例行事として続いた。お酒を飲むのが大好きなカナダ人の風習に、花を愛でながら飲む、という日本の文化が受け入れられたようだ。

小川治兵衛という庭師の活躍

東京で桜といえばソメイヨシノ。華やかで明るく美しい桜だ。一年のうちたった一週間ほどしか楽しめないこの桜を、日本人はこよなく愛している。

ソメイヨシノの学名は「Cerasus×yedoensis (Matsum.) A.V.Vassil. 'Somei-yoshino'」。江戸末期から明治にかけて、東京の染井村に住む植木職人によって品種改良された種類で、日本原産種のエドヒガン系の桜と、オオシマザクラの交配で生まれた。したがってソメイヨシノは、すべてクローン。当時大流行《おおはや》りし、明治中頃から東京の至るところに植えられた。学名にも「yedoensis」、つまり江戸（yedo）の文字が入っている。

現在も桜の開花はソメイヨシノを基準に決められ、お花見といえばソメイヨシノ。日本人に最も愛される桜として知られている。

一方、京都の桜といえば枝垂桜《しだれ》。京都のお寺の景色には、舞妓さんの髪飾りのような優美な枝垂桜がよく似合う。円山公園の「祇園枝垂桜」は京都のシンボルツリー。今の枝垂桜は一九五九（昭和三四）年三月六日に植えられた二代目であるが、その親桜は樹齢二〇〇年、根廻り四メートルにも達する巨木だった。一九四七（昭和二二）年に枯れてしまったが、この親桜の種から成長した二世が後を継いでいる。

二〇一五年春のJR東海「そうだ 京都、行こう」のポスターに使われていたのは、平安神宮の神苑。ここでは、美しい枝垂桜が池に映る姿を愛でることができる。

平安神宮は一八九五（明治二八）年、平安遷都千百年紀念祭の時に創建された。平安京にあった朝堂院を八分の五のサイズで再現したもので、明治に入り、東京に遷都され、活気をなくした京都を盛り上げようと開催された「内国勧業博覧会」というイベントに合わせて作られた、〝モニュメント〟だった。

この神苑を作庭したのは小川治兵衛《おがわじへえ》。

彼は明治から昭和初期に活躍した庭師で、庭師という枠を超えて「庭園プランナー&デザイナー」として新しいスタイルの庭を造った。小川治兵衛が多くの庭を作庭す

平安神宮　東神苑の枝垂桜

ることができたのは、ひとえに軍人であり政治家の山縣有朋《やまがたありとも》のお陰と言える。

もともと小川治兵衛は、山縣有朋お気に入りの庭師であった。有朋が次々と斬新な庭のアイデアを提案し、治兵衛がそれに応え、彼の要求通りの庭を造っていった。そしてそれが明治という新しい時代に相応しい、近代の庭の姿となる。

たとえば山縣有朋の京都の別荘「無鄰菴《むりんあん》」には、芝生を使った和洋折衷の庭が造られた。またその当時の最新技術で造られた、琵琶湖疏水の水も庭に引き入れた。この庭が評判となったため、平安神宮神苑の造営に際し、小川治兵衛の名前が挙がり、作庭を任されることになった。この仕事の成功で、彼は以後、帝国京都博物館、京都府庁、円山公園の改良工事など、多くの公共造園に携わることになった。

植木屋から庭園デザイナーへ。すべては山縣有朋とのパートナーシップから始まった。この二人の関係によって生まれた「無鄰菴」については、16章「山縣有朋と小川治兵衛の庭への情熱」で詳しくお話ししたいと思う。

明治時代のテーマパーク的な庭

平安神宮の神苑は有料なので人が少なく、静かな雰囲気のなかで枝垂桜を楽しめる。桜の時期になると、どこも混み合う京都では貴重な場所。青空をバックにした桜が東神苑の池に映る景色は、ハッとさせられるほど美しい。

一番の見どころは、この東神苑に架かる橋殿「泰平閣《たいへいかく》」。大正の初めに京都御所から移築されたもので、シンプルな形ながらとても美しい。池に映る姿も完璧で、いつも見入ってしまう。屋根のある橋としては、東福寺の「通天橋」、渉成園《しょうせいえん》の「回棹《かいとう》廊《ろう》」と並んで美しい。

実際にこの橋を渡って歩けるのもいい。橋から眺める庭の景色はまた違って見える。もっと景色が広々と見えるのだ。橋の途中に座るところがあるのもいい。腰掛けてゆっくりと桜を眺め、池を泳ぐ鯉や亀を見ていると、うららかな春の日を満喫できる。風情のある橋から桜の花を眺めるのも、京都ならではの経験ではないだろうか。

もう一つのお勧めは「臥龍橋《がりゅうきょう》」。「臥龍」とは、伏した龍のことを意味する。橋といっても、丸い石が池に配置されたもので、その上を渡っていく。この丸石は、豊臣秀吉の時代に三条大橋と五条大橋の橋桁《はしげた》と橋脚に使われていた石柱を再利用したもの。歴史のある石をピョンピョンと飛んで、向こう岸に渡る趣向が楽しい。

平安神宮　泰平閣

平安神宮　臥龍橋

小川治兵衛は単に庭をデザインするだけでなく、見る者が京都の歴史を感じたり、さまざまな角度から庭を眺めて目と心で楽しめる、アトラクション的な庭を造ることが上手かったと思う。今までの古い価値観を捨て、明治という新しい時代に相応しい自由な発想の庭を彼は造った。山縣有朋から自由に空間をデザインするアイデアを教わっていたからこそできた仕事だろう。

ここが博覧会場の庭ということを考えれば、テーマパーク的な庭を彼は造ったのかもしれない。明治時代の最高のエンターテインメントの庭と桜をぜひ楽しんで欲しい。

■平安神宮

一八九五（明治二八）年、平安遷都千百年紀念祭を機に創祀。平安遷都を行った桓武天皇と、平安京で過ごした最後の天皇である孝明天皇を祀る。社殿は平安京大内裏の正庁を模したもの。神苑は約三万三千平方メートルの池泉回遊式庭園で、琵琶湖疏水から水を引き入れている。毎年一〇月には京都三大祭りの一つ、時代祭が行われる。

住所／京都市左京区岡崎西天王町97【地図Ⓑ】

拝観時間（神苑）／8時30分〜17時（時季により変更あり）

〈オススメの店〉

& noma CAFE

平安神宮から徒歩五分、桜が綺麗な疏水のそばにあるカフェ。店内のインテリアはすべて、オーナーが北欧を中心にヨーロッパなどでセレクトしたもので、花瓶や食器一つ一つのセンスがとても素敵。大きい窓から外の景色も眺められゆっくりできる。手作りのケーキやスコーンはどれも美味しく、広島にある人気農園、梶谷農園の野菜を使ったサラダも食べられる。隣のギャラリー「noma」には、オーナーセレクトのヨーロッパや日本の作家の素敵なものがいっぱい。必ずいいものに出会える。

住所／京都市左京区岡崎円勝寺町36－1【地図Ⓑ】　電話／075－752－3157

営業時間／11時～19時　定休日／月曜

（ギャラリーnoma　電話／075－752－7317　営業時間／12時～17時30分　定休日／月・火・水曜）

9　新緑を楽しむ庭――高桐院

庭を見るのに一番の季節

桜の花が終わると京都は普段通りの静けさを取り戻す。そして新緑の季節が始まる。新緑の頃は、私が京都で一番好きな季節。庭は新緑の木々でキラキラして眩しい。苔までも新芽がキラキラして美しい。庭を見るのはこの季節が一番だと思う。人も少なく、湿気もなく、底冷えもしない。新しく芽吹く新緑の生命力が京都に溢れている。

新緑は古来「青葉」と呼ばれた。西行が歌った歌に、

――時鳥　きく折にこそ夏山の　青葉は花におとらざりけれ――

（ホトトギスの声が聞こえてくると夏の山の青葉〈新緑〉は、春の桜に勝るほど美しく素晴らしい）

というものがある。まさにこの季節の歌。これを詠むと、「ああ！　わかるよ西行！」と言いたくなる。この季節の、躍動感ある青葉の美しさに胸がときめく気持ち。桜は華やかで、紅葉は艶《あで》やか。新緑はみずみずしい息吹きを感じさせてくれる。新緑をわざわざ見に行くことに私は幸せを感じる。春がお花見、秋が紅葉狩りなら、夏は絶対「青葉狩り！」と思っている。

この季節、京都の東山は新緑の若葉色に溢れる。それはまるで織りの美しい絨毯のようだ。桜の時期の春霞《はるがすみ》のぼんやりした山の姿も美しいが、新緑の季節の、くっきりとした若葉の山の景色もとてもよい。

庭も参道も素晴らしい

新緑を見に行くとしたらどこがいいか？

正解は紅葉が有名な場所に行くこと。秋に混雑する場所でも、新緑の季節は人が少ないことが多い。「青葉狩り」を静かにゆっくり楽しめる。

東福寺、真如堂、大原の三千院……どこも、もみじの新緑が素晴らしい。

その中でも私が一番お勧めしたいのは大徳寺の塔頭、高桐院《こうとういん》。

ここは秋の紅葉が有名で、JR東海の「そうだ 京都、行こう」のポスターにも選ばれたことがある。秋になるとたくさんの観光客が訪れる。

秋の紅葉はとても美しい。しかし新緑の季節にしか楽しめない景色がある。

高桐院は、一六〇一（慶長六）年に細川忠興（三斎）が、父・細川藤孝（幽斎）のために創建した寺。忠興は一六四五（正保二）年、八三歳という高齢で逝去し、遺言により遺歯が高桐院に埋葬された。それ以降、細川家の菩提寺となった。

高桐院の庭は「楓の庭」と呼ばれている。竹林と楓の樹々と苔、そして鎌倉時代のものと言われる灯籠が中央に一基、というとてもシンプルな庭。自然風景式庭園というスタイルで、まるで自然の山の中にいるような風景となっている。

造られたのは江戸初期。しかし苔の庭になったのは昭和に入ってからで、今では庭一面に苔が広がっている。

この庭は中国の故事や仏教の世界観をテーマにしたものではなく、自然の景色を楽しめる庭になっている。堅苦しさのない、居心地のよい庭なので、縁側に座ってのんびりと過ごせる。拝観料にプラス四〇〇円で抹茶とお菓子も楽しめる。

背景の竹林の深い緑、もみじの青葉がキラキラ光る色、苔は木漏《こも》れ陽《び》が射して、なんとも言えない輝きを見せる。ここでは美しい自然が私達を楽しませてくれる。

こういう瞬間を目の当たりにできることが、京都での一番の贅沢だと思う。贅沢というのは人それぞれ価値観の違いがあるが、この庭のゆったりした空間は、誰もが「贅沢！」と思うのではないだろうか。

高桐院は庭も素晴らしいが、入口の門から寺へと続く参道は本当に美しい。すっと真っ直ぐに続く敷石の道に、竹林ともみじと苔の緑が鮮やかに映える。この道を歩く瞬間が大好きだ。ここでは美しいものしか目に入らない。

京都で一番好きな庭

高桐院には、子供の頃からよく母に連れられて、来ていた。

子供の時に住んでいた家から徒歩二〇分ほどの距離にあり、休日の午後にふらりと散歩に来るのにちょうどよい場所だった。

高桐院　新緑の「楓の庭」

季節はやっぱり新緑の頃。私の母も庭が好きな人なので、よく一緒にもみじを眺めに来た。

高桐院には、細川忠興の妻で、明智光秀の娘だった細川ガラシャ夫人のお墓がある。絶世の美女で大変聡明であった彼女の人生は、本能寺の変で一変する。反逆者の娘となった彼女を忠興は幽閉し、外界から遠ざけた。一切の外出を禁じたのだ。

そんな孤独な彼女を救ったのがキリスト教。忠興の目を盗み、洗礼を受けクリスチャンとなった彼女は、「ガラシャ」という洗礼名をもらう。そして幽閉生活の中で平安を得る。

しかし豊臣秀吉の死後、石田三成が挙兵し、諸大名が東軍に味方しないよう、妻子を人質に取ろうとした。大坂城内の細川屋敷で西軍の襲撃を受け、人質になることを拒否したガラシャは、家臣の手による死を選ぶ。その時三八歳だった。

そんな彼女の数奇な人生について、母がこの庭で話してくれたことを、今でも覚えている。母もクリスチャンなので、ガラシャ夫人に何か感じるものがあったのかもしれない。

京都で一番好きな庭を尋ねられたら、必ず高桐院と答える。庭の景色が好きなことはもちろんだが、小さい時の思い出も重なって、特別な庭に感じている。ちゃんと数えたことはないが、百回以上は訪れている。春夏秋冬、どの季節も良いが、一番印象に残るのはやはり新緑の季節。

私の庭好きは子供の頃に、この庭のもみじや苔の美しさに感動した経験から始まっているのだろう。

母と高桐院に行った帰りは、必ず今宮神社の参道にあるあぶり餅屋に立ち寄った。子供の頃はここに連れてきてもらうことが一番の幸せだった。

あぶり餅とは、一口サイズのお餅にきな粉をまぶし、竹串に刺して炭火で軽くあぶり、白味噌の甘いタレをかけたもの。この白味噌のタレが本当に美味しい。

幼い私はこのタレが好き過ぎて、お餅を食べた後いつもお皿をペロペロ舐《な》めていた。怒られても舐めることをやめないので、母は私とあぶり餅屋に来る時は必ずスプーンを持参するようになった。

私のスイーツ好きも、このあぶり餅から始まったようだ。

高桐院　秋の庭

高桐院　参道

■高桐院

大徳寺塔頭。一六〇一（慶長六）年、江戸時代初期の武将で茶人（利休七哲の一人）としても有名な細川忠興（三斎）が、父・幽斎の弟で禅僧の玉甫紹琮《ぎょくほじょうそう》を開祖として建立した。書院は利休の邸宅を移築したものといわれ、書院の庭は江戸初期の作庭。境内には三斎と夫人ガラシャの墓や、歌舞伎踊りの祖、名古屋山三郎・出雲阿国夫妻の墓もある。

住所／京都市北区紫野大徳寺町73-1【地図Ⓓ】
拝観時間／9時～16時30分
休み／5月6日宗全忌、6月7日・8日開祖忌

〈オススメの店〉
あぶり餅「一和」「かざりや」

今宮神社横の参道に並ぶ風情のある二軒の店。いずれも京都市の「京都を彩る建物や庭園」に選出されている。あぶり餅の歴史は古く、「一和」の創業は、なんと平安時

代。応仁の乱や飢饉の際に庶民に振舞ったともいわれる。「かざりや」も江戸時代創業の老舗。親指大の餅にきな粉をまぶし、竹串に刺して炭火であぶるので「あぶり餅」。そこに、それぞれの店秘伝の甘い白味噌のタレをかけて食べる。誰をお連れしても美味しいと絶対に気に入ってくれる味で、海外の人も大好き。

一和　住所／京都市北区紫野今宮町69　電話／075-492-6852
かざりや　住所／京都市北区紫野今宮町96　電話／075-491-9402
（以下、「一和」「かざりや」とも同じ）【いずれも地図Ⓓ】
営業時間／10時〜17時　定休日／水曜（1日・15日・祝日の場合は営業、翌木曜休）

10 大河内山荘の夢

昭和の大スターが私財を投じて造った庭

嵯峨・嵐山は素晴らしい庭の宝庫だ。

夢窓国師の天龍寺の庭園、モミジの美しい宝厳院《ほうごんいん》や祇王寺《ぎおうじ》、紅葉の時期だけ公開される厭離庵《えんりあん》……どこも美しく、上品な趣きを残している。

この地は昔から風光明媚《ふうこうめいび》とされる場所で、平安時代にはすでに貴族、文人などによる山荘や寺院建立が相次いだ。厭離庵は小倉山荘があった場所とされ、藤原定家がこの地で百人一首を編纂したと言われている。人里離れたこの土地は、心静かに百人一首を選ぶのにピッタリの場所だったのだろう。

美しい山や川の景色、清々しい空気、冷涼な気候が千年以上も前から人々を惹きつけてきた。

しかし今や、嵐山はすっかり観光地化され、オンシーズンになると、渡月橋の周辺は大渋滞となり、歩いて橋を渡るのも一苦労。渡月橋という美しい名前とは正反対だ。

しかし一つ小径《こみち》に入ると、静かな風情のある場所が見つかる。

有名な嵯峨野、竹林の小径は、一歩足を踏み入れると別世界が広がっている。美しい竹林と竹垣が続き、竹同士がぶつかって擦《こす》れる音が聞こえるほど静かだ。ここにいると、タイムスリップしたような感覚になる。

この竹林を真っすぐ歩いて行くと、ひっそりと佇む一軒の家にたどり着く。小さな木の看板が掲げられているだけなので、個人のお宅かと思って通り過ぎてしまう。

ここは「大河内山荘」というところ。この門の向こうに素晴らしい庭があることを知らない人は多い。まさに嵐山の隠れた名庭なのだ。

大河内山荘は、大河内傳次郎《おおこうちでんじろう》（一八九八―一九六二）の自邸だった場所。

大河内傳次郎は、昭和初期、銀幕の大スターだった人だ。当時映画俳優になれる人はごくわずか。その中でも彼は、主演映画が一〇〇本以上にのぼる大物だった。

代表作は「丹下左膳《たんげさぜん》」。隻眼隻腕《せきがんせきわん》のニヒルな剣士で、傳次郎の当たり役と言われている。九州出身の彼は、無声映画からトーキーの時代に入っても、決め台詞を「およよ、しぇい（姓）は丹下、名はしゃぜん（左膳）！」と豊前訛《ぶぜんなま》りで話し、ますます人気を博した。大らかな人柄がよく分かるエピソードだ。

大河内傳次郎が、嵐山の一山丸ごと購入したのは、俳優としてすでに成功を収めていた一九三一（昭和六）年、彼が三四歳の時だった。

太秦《うずまさ》の映画撮影所に比較的近く、保津川と小倉山の眺めと、京都市内の景色を一望できるこの場所に、自邸と庭を造るためだった。敷地の広さはなんと二万平方メートル。六四歳で亡くなるまで、映画出演料の大半を注ぎ込み、理想とする庭を造り続けた。彼自ら庭師と一緒に山を切り開き、デザインも行った。

当時の俳優の出演料は一般人の給料と比べると、破格の値段であっただろう。その大半を注ぎ込んだだけあって、庭は彼の好きなもので溢れ、愛情が随所に感じられる。

個人の趣味を見ることができるので、ほかとは違った楽しさがある。例えば、景色の良い場所にさりげなく石のベンチが置かれていたり、彼が集めた美しい灯籠が至るところに置かれていたりする。

傳次郎はとても趣味のいい人であったのだろう。庭全体に流れている上品な雰囲気で、それがよく分かる。

美しい敷石と飛石

彼の趣味がよく出ているところで、絶対見逃して欲しくないのが敷石だ。庭を歩いて行くと（特に帰り道の坂）、次々と見事な「霰《あられ》こぼし」が現れる。

霰こぼしとは、アラレを撒いたように、さまざまな色や形の小さな自然石を組み合わせて敷いた敷石をいう。決して割らずに自然石の形を活かすことや、縁起が悪いとされる十字の目地は避けることなどの制限があるなか、自然石を美しく敷き詰めていく。全体の端のラインも揃っていなければならない。高い技術が求められるため、庭師の腕が試される。

その霰こぼしが、この庭にはふんだんに使われている。一つ一つがアートのように美しく、小石が綺麗な模様を作っている。傳次郎はこの霰こぼしが大好きだったのではないだろうか。ずっと続く霰こぼしの道を見ていると、なんて贅沢なんだろう……と惚れ惚れとしてしまう。

この庭のなかで私が一番好きな場所は、茶室「滴水庵」へと続く苔と楓の庭だ。新

大河内山荘　眺望

緑や紅葉の季節、この楓林のなかを飛石で渡って行くと、ワクワクした気持ちになる。

この飛石は庭の真ん中でなく、右端に据えられている。左手に楓の木立を眺めながら歩くことになるのだが、これは、庭をより効果的に美しく見せるための傳次郎の演出ではないだろうか。

また、この飛石は真っ直ぐではなく、ほんの少し曲線を描いている。その具合もちょうどよく、ゆっくりと庭を歩けるように工夫されている。

歩く側＝ゲストに、造り手の意図や遊び心を想像させ、ワクワクさせる庭は、とても良い庭といえる。

映画のワンシーンを見るように、庭を眺めながら茶室に向かう。俳優ならではの視覚効果を狙ったデザインを、この庭から感じる。

足元には苔の絨毯が広がり、木漏れ陽のなか、薄黄緑の苔がキラキラと輝く。苔の管理方法をお聞きしたところ、特別な手入れは何もしていないとのこと。「この場所は苔の生育に向いているのか、一年中枯れることはないんですよ」と仰っていた。

確かにどんなに暑い真夏の日に行っても、冬の寒い時期に訪れても、ここの苔は常に美しい緑色を保っている。

傳次郎の庭への思いが今も生きていて、不思議な力で守られているのかもしれない。

傳次郎は大変熱心な仏教徒だったそうで、庭に「持仏堂」まで建てている。彼はこのなかに仏像を置き、撮影の待ち時間が少しでもできると、堂に籠もって座禅を組み、お経を唱えていた。

もともと脚本家になるために九州から京都に上洛し、結果的に俳優として大成功を収めた彼は、すべてを仏様のお導きと深く感謝していたそうだ。

そんな信心深い傳次郎の大切な庭や苔が不思議な力で守られているとしても、ちっとも不思議ではない。

大河内山荘は、今でも彼のお子さんやお孫さんによって大切に守られている。人の手に渡って壊されたりしないよう、とても細やかな心遣いで大切にされている。

最近、庭を見に来た人にゆっくり休んでもらえるようにと、写経などができるスペースも作られた。傳次郎の奥さん、妙香さんの名前に因んで「妙香庵《みようこうあん》」と名付けられたその場所には、二人の女性画家によって描かれた蓮の花の襖絵がある。極楽浄土にいるような美しい蓮の世界が描かれている。この二人の女性画家は昔、大河内山荘

大河内山荘　霰こぼし

大河内山荘　滴水庵に続く飛石

でアルバイトしていたらしい。そんなエピソードも微笑ましい（妙香庵は、不定期に限定公開されるので、訪れる際には事前に確認が必要）。

大河内山荘に来ると、嵐山の喧騒を忘れ、優しい気持ちになる。それは、傳次郎が造った美しい庭があるだけでなく、彼が庭にかけた愛情を大事に守っているご家族の想いも感じられるからだ。

傳次郎が大河内山荘に描いた夢は、ずっとこの地で守られているのである。

■大河内山荘――

昭和初期の映画俳優・大河内傳次郎が、三〇年にわたり丹精こめてこつこつと造りあげた優美な庭園。桜や楓が植栽された園内からは、嵐山に保津川の清流、比叡山や京の町並みなども眺められ、四季折々に趣きがある。近年、国の文化財に指定された。

住所／京都市右京区嵯峨小倉山【地図Ⓔ】

開園時間／9時～17時

〈オススメの店〉

豆腐料理　松《まつ》ケ《が》枝《え》

渡月橋の横の道を川沿いに上がって行くと、小倉山と渡月橋の景色を一望できる人気の蕎麦屋「よしむら」がある。その奥にあるのが、自家製の嵯峨豆腐を食べられる店「松ヶ枝」。

元々、明治時代の日本画家、川村曼舟《まんしゅう》画伯の庵だったところで、美しい庭が今も残っている。特製の抹茶豆腐と蕎麦豆腐で描かれた、市松模様の湯豆腐の鍋は、見た目にも楽しい。天ぷらや、ちりめん山椒がかかったご飯も付いたセットがお得。シーズン中は行列ができる人気店だ。

住所／京都市右京区嵐山渡月橋北詰め西二軒目【地図Ⓔ】
電話／075-872-0102
営業時間／11時～17時（営業時間は季節により変更あり）　定休日／年中無休

11 仙洞御所の緑の世界

セブ島の空と海の色を見て思ったこと

フィリピンのセブ島を訪れた時のこと。

京都生まれ京都育ちの私は海に馴染みがない。初めて海で泳いだのは一九歳の時。小学生の頃ずっと海だと思って泳いでいたのは琵琶湖だった。それを初めて知ったのは、六年生の時。どうりで身体が水に浮かないはずだと愕然とした。

そんな私が海の美しい国に行ってまず驚いたのは、その澄んだ水の美しさと青色の種類の多さだ。

そこには、今まで見たことのない青い色が広がっていた。透明に近い海の水色が、だんだんターコイズや青色になり、深い藍色になる。そしてそのうち海の青は空の青へと変わっていく。そのグラデーションがあまりにも美しく、ただ静かに眺めるばかりだった。

セブ島から船で二時間ほどのボホール島に行き、そこでシュノーケリングのツアーを申し込んだ。

次の日の朝、地元の漁師のおじさんがホテルまで迎えに来てくれた。シュノーケリングスポットの島まで、おじさんの小さな船で三〇分。船にはおじさんの娘がちょこんと座って待っていた。目がぱっちりした一〇歳くらいの可愛らしい女の子で、出航の準備をお手伝いしていた。

娘さんが一番前に座り、船は出航。青い海と空をバックにするその子を見ていてふと思った。この子は生まれてずっとこの青色に囲まれて育っているんだなと。とても羨ましくもあり、もし日本に来たら、空や海がこんな青色ではないことにビックリするだろうな、などと考えていた。

人にはそれぞれ、子供の頃の原風景があり、それぞれの景色の色がある。

私は生まれてからずっと、緑の世界に囲まれていた。春の芽吹き始めの薄緑、新緑の黄緑、苔のキラキラした緑、夏の濃い緑……緑の種類がたくさんあることは知っている。でも青の種類は知らない。

フィリピンのボホール島育ちのこの女の子は、逆に緑の世界を知らない。新緑のモミジや苔の話をしても想像もつかないだろう。緑の中に石が据えられた日本庭園を見たら、一体どう思うのだろうか？

私が一番落ち着く色は京都の山や庭の緑だが、ボホールの女の子が好きな色はきっと澄んだ青色だろう。都会に生まれ育った人はビルのグレーが落ち着く色なのかもしれない。

原風景の色は大人になってもずっと心に残って、懐かしさや心の拠りどころにつながっていくのだろう。

フィリピンから帰ってきてすぐに日本庭園を見に行った。自分の緑の世界に戻ってホッとする反面、眩しい青色の世界への憧れやときめきもあった。

どちらの世界も素敵だ。時々また、彼女の世界を見に行きたい。

世界で一番好きな橋

そして緑の世界のお話。

京都御苑の中にある仙洞御所《せんとうごしょ》の庭。私が最近、一番感動した、緑が美しい庭だ。事前予約が必要だが、お寺の庭とはまた違う王朝文化の庭が楽しめる。

当時の造園技術を駆使して造られた贅沢な空間。広々とした庭の中は静かで、森の中を歩いているようだ。

仙洞とは元々「仙人の住み処《すか》」という意味。そこから、退位した天皇の住まいの美称として使われるようになった。上皇・法皇も、退位後は仙洞御所に移り住んだ。

現在のものは一六二七（寛永四）年、後水尾上皇のために造営されたもので、最初は小堀遠州によって設計されたが、後に上皇自身により大きく改造された。

仙洞御所は一八五四（安政元）年の火災で建物がすべて燃え、今残っているのは庭園のみ。現在は、隣の大宮御所と一緒の敷地となっている。大宮御所は、今でも天皇、皇后、皇太子、皇太子妃が京都にいらっしゃった際の宿泊先となる、格式の高い場所だ。

仙洞御所の一番の魅力は、広々と雄大な園内と池、そして美しい石がふんだんに使われているところだ。

悠々とした景色はイギリス式庭園を彷彿《ほうふつ》とさせる。イギリス式庭園とは、一九世紀

仙洞御所　紅葉山

にイギリスで流行った自然風景式庭園で、それまでのフランス式庭園のようなシンメトリーな庭の姿（フランスの城でよく見られる幾何学模様の庭）を嫌い、自然な曲線を使って設計された庭をいう。

しかし造営されたのは、仙洞御所のほうが先。京都の街中に自然の景色を再現した、当時の日本人の感性は本当に素晴らしい。深山の清々しい空気が見事に表現されている。

北池から南池の間には紅葉山と呼ばれる掘割《ほりわり》が造られている。新緑の季節は青紅葉の深い緑が美しく、私の好きな緑の世界が広がっている。

ここは苔も見事で、フカフカとした絨毯のような、さまざまな種類の苔に覆われている。苔の緑色が深い。よく手入れされたよい苔でないと、この感じは出ない。見事な「苔っぷり」だ。

南池の中島にかかる八ツ橋の上には藤棚が造られている。八ツ橋とは、幅の狭い橋板を数枚、稲妻のようにジグザグの形につなぎかけた橋のこと。橋も素晴らしいのだが、その上の藤棚の感じもよく、橋を渡る楽しみが一層増す。橋好き、藤棚好きの私は、この橋が世界中で一番好きだ。「素敵な橋＋藤棚」は、最強のコンビネーションだと思う。

五月の連休の頃に訪れると、長く垂れた藤の花が池の水面に映り、夢のように美しい光景を見ることができる。

南池のもう一つのハイライトは、洲浜の「一升石《いっしょうせき》」。楕円形の形も大きさもキッチリ揃った石が、浜辺に見立てた洲浜にビッシリと敷き詰められている。その数一一万一〇〇〇個。

「一升石」と呼ばれるゆえんは、同じ大きさの石で揃えるために、石一個につき米一升と交換する約束で運ばせたことによる。なんと贅を尽くした庭だろうか。当時の米はかなり貴重で高価だったと思うが、それがただの石と交換されたのだ。

そんなエピソードも、天皇退位後の場所として相応しく、贅沢だ。寺社や個人邸の庭ではこんなことは絶対不可能だろう。

見事に粒の揃った石の浜辺の迫力は凄いが、不思議と柔らかな空間を作っている。その絶妙なバランスも、この庭を造った人の感性の素晴らしさを表している。

仙洞御所の贅を尽くした庭には、当時の王朝文化の華やかさが溢れている。

仙洞御所　八ツ橋と藤の花

仙洞御所　洲浜の一升石

緑の風景に感動するだけでなく、きっと日本人の繊細な仕事や感性に心躍るだろう。この庭を見ると、緑の世界に生まれ育って良かったと思う。やっぱり私には、緑の世界がしっくりくるようだ。

■仙洞御所

江戸時代の初め、皇位を退いた後水尾上皇の御所として建てられた。その後何度か火災と再建が行われたが、現在は建物はなく庭園だけが残されている。庭園は小堀遠州が一六三六（寛永一三）年に作庭、一六六四（寛文四）年に後水尾上皇が手を加えたと言われている。池泉回遊式庭園で、北池と南池をめぐりながら季節の変化に富んだ風景が楽しめる。

拝観は事前予約制。往復ハガキ、ホームページ、または宮内庁京都事務所参観係の窓口でも直接申し込める。定員になり次第締め切り。

住所／京都市上京区京都御苑3【地図Ⓒ】

問い合わせ・拝観申込先／宮内庁京都事務所参観係　電話／075-211-1215

〈オススメの店〉

虎屋菓寮 京都一条店

和菓子店の「虎屋」が営む喫茶。内藤廣が設計した木の天井が美しい広々とした空間で、店内やテラス席からは庭も眺められる。羊羹《ようかん》や季節の生菓子ももちろん美味しいが、喫茶での一番のオススメは抹茶グラッセ。抹茶を冷たくし、フワフワに泡立てた飲み物。好みでシロップを入れて飲むとサッパリ、口当たりも柔らかく美味しい。暑い日に飲むとスッと元気になる。老若男女問わず人気だ。

住所／京都市上京区一条通烏丸西入広橋殿町400【地図Ⓒ】

電話／075-441-3113　営業時間／10時〜18時（17時30分LO）

定休日／元日、ほか不定休あり

12　等持院――サッキが可愛い庭

サツキの花で彩られる庭園

五月下旬頃になると、京都の多くの庭園はとっても可愛くなる。まるでキャピッと した女の子みたいに可愛い。なぜそんなに可愛くなるのかというと、この時期、サツキの花が咲いて庭をパッと明るくさせるからだ。

サツキはツツジの一種で、皐月《さつき》（旧暦の五月）の頃に咲くため、サツキツツジと呼ばれる。サツキとはこれを略した呼び方。

ふだんは常緑の植物や苔で、緑の多い日本庭園も、サツキの花が咲くとピンクやオレンジに彩られ、なんだか庭がウキウキしているように見える。

たとえば東福寺の北庭（P63参照）。重森三玲作の苔と石の市松模様で有名なこの庭、いつもは落ち着いた景色で心穏やかにさせてくれる。しかし、ここにあるサツキの刈り込みの一つが、花が咲いた時だけハート形に見える。こんもりとしたピンクとオレンジの花で作られた可愛いハートになるのだ。

ふだんはキリッと男前なこの庭も、サツキの時期だけは可愛らしい〝女子系〟の庭になる。


江戸時代の文人、石川丈山《じょうざん》が一六四一（寛永一八）年に終の住み処として建てた詩仙堂の庭は、サツキの丸い刈り込みで構成されたすっきりとした庭。山の中のヒッソリとした雰囲気の中に、ストイックさを感じさせる庭だ。石川丈山が隠棲地として選んだだけあって、落ち着いた景色と静寂感が魅力的な場所。

しかしこの時期は庭のサツキが満開になり、モコモコした丸い形のお花が並んでとても可愛らしい。まるで花柄のウサコちゃんがたくさん並んでいるみたいだ。ちょっと浮かれているというか、ウキウキしているというか、いつもとは違う雰囲気なのだ。

もちろんサツキは日本庭園に限らず、イギリス庭園をはじめ他の国の庭でもよく使われる。英語名はアゼリア。アゼリアの生垣もあるほど海外でもポピュラーな低木の一つだ。

しかし日本庭園にあるサツキのように、丸く刈り込まれた姿を見たことがない。海外の庭で見るアゼリアは、剪定《せんてい》はされていても、基本的に自然の姿そのままにしてある。

サツキをまん丸に刈り込むのは日本独特の美意識だ。

なぜ日本のサツキは丸く刈り込まれるのか

先日、友人宅にホームステイしているオーストラリア人の高校生男子と一緒に、南禅寺の方丈庭園を見に行った。

彼から「なぜ日本庭園ではサツキを丸く刈り込むの？　自然の姿とは違うのに」と聞かれた。

「うーん……自然の形をそのまま表現するのではなく、自然を抽象化して表現しているんだよ」と答えた。でもなんだか納得していない様子。

自然のものを表すのに丸く刈り込んであるのが、どうしても合点がいかないようだ。そのオーストラリアの若者は正直に、「とっても変だね！」と笑っていた。

海外の庭園で刈り込みというと、トピアリーのような装飾性を重視したものが多い。一説には、日本の刈り込みは小堀遠州が西洋の文化からヒントを得て始めたと言われている。それが江戸時代に流行って広まったという。

日本庭園では刈り込みの装飾性を重視した結果、一番シンプルな丸い形になったのかもしれない。丸い刈り込みは究極のミニマリズム（最小限の色彩・形で最大の効果を上げようとするもの）なのだ。

サツキを枯山水の庭園に使うのは、とても理にかなっている。暑さに強いので、周りに水がない枯山水の庭にはピッタリの植物だ。そこには、庭に自然を取り込もうとする日本人の知恵が活かされている。

そして一見地味に見える庭が、年に一度、パッとサツキの花が咲いて楽しめる仕掛けになっている。これはなかなかのエンターテインメントだ。

この日本人のサツキや刈り込みに対する熱い想いをもっと説明すれば、きっとオーストラリアの若者も納得してくれただろう（またはドン引きされていたか）。

サツキ一つで最小限の美を表現できる。刈り込みにも日本人の美意識が詰まっている。

等持院　サツキの刈り込み

乙女チックな庭

今回はそんなサツキが咲き誇る美しい等持院《とうじいん》の庭のお話。

立命館大学の衣笠キャンパスの隣にあるお寺で、一三四一（暦応四）年、足利尊氏が開基、開山は夢窓国師。二年後の一三四三（康永二）年に現在の場所に移された。彼の死後、足利家を弔う菩提寺となった由緒正しい寺院。庭園には足利尊氏の墓もある。

しかし室町幕府の衰退とともに寺は荒廃。その後、江戸時代の初め、一六〇六（慶長一一）年に、豊臣秀吉の子、豊臣秀頼によって復興された。

等持院の庭は、東の池の庭園と、西の池の庭園に分かれている。

東側の庭は、夢窓国師が作庭したと言われているが、資料としては残っていない。しかし池底の様子が、夢窓国師が作庭した天龍寺や西芳寺（苔寺）と同じ構造で、室町時代に使われた手法で造られている。

東の池は「心字池《しんじいけ》」と呼ばれる。心字池とは、「心」の草書体の字をかたどった池のこと。室町時代によく使われたデザインで、西芳寺の池も心字形をしている。池に突き出た島の雰囲気がよく似ている。

水面にもみじが映り、新緑や紅葉の季節は一層美しさが増す。六月には護岸に咲く半夏生《はんげしょう》も楽しめる。

西側の庭は、江戸時代に豊臣秀頼によって復興された時の姿を残すと言われている。こちらの池は「芙蓉池《ふようち》」と呼ばれる。芙蓉とは美しいものを表す時に使われた言葉。中国ではもともと、蓮の花を芙蓉と呼び、芙蓉の花は「木芙蓉《もくふよう》」と呼ばれていた。芙蓉池に浮かぶ中島にはサツキの丸い刈り込みが重なり、躍動感溢れる景色を作っている。中島にかかる石橋もよい。対岸の築山との高低が迫力ある景色を作り、この庭の見どころとなっている。

築山の上には、八代将軍・足利義政が建てたと言われる茶室「清漣亭《せいれんてい》」がある。義政は、三代将軍足利義満の孫。大の夢窓国師ファンで、慈照寺（銀閣寺）を建てる時も、苔寺に何度も通って作庭の参考にしている。彼の時代には国師はすでに亡くなっていたが、夢窓国師を開山（初代住職）にして慈照寺を建立するほど、かなりの国師好きだった。

等持院　心字池

義政はこの茶室に座り、大好きな国師の庭を、お茶を飲みながら心ゆくまで眺めていたのかもしれない。

ふだん静かで訪れる人も少ない庭だが、丸く刈り込まれたサツキの花が咲くと、とても華やかで、見ていて楽しい。一年を通じて美しい庭だが、サツキの花で可愛らしくなるこの季節が、私は一番好きだ。

書院でお茶を飲みながら庭を眺めると、昔から日本人はミニマリズムの中に、可愛さを表現することを忘れなかったのだと感じる。足利ファミリーの菩提寺も可愛い乙女チックな庭にしてしまう。これこそ、この季節だけ見ることができる〝サツキ・マジック〟なのだ。

■等持院

臨済宗天龍寺派。足利将軍家の菩提寺。一三四一（暦応四）年、足利尊氏が等持寺の別院とし、夢窓国師を開山として創建。尊氏の死後、その墓所となり、等持院と改めた。庭園は東の「心字池」、西の「芙蓉池」に分かれ、衣笠山を借景にした池泉回遊式。北側に義政好みの茶室「清漣亭」がある。霊光殿には歴代将軍の木像が安置されている。
住所／京都市北区等持院北町63【地図Ⓐ】
拝観時間／9時〜17時（受付終了16時30分）

〈オススメの店〉

中国酒家 黒猫軒

京都には、美味しい中華料理の名店が地域ごとにある。この店は、落ち着いた雰囲気のなかで美味しい中華が食べられるので、女性のグループやカップルの客も多い。

私は必ず「蒸し鶏の冷製　九条葱と生姜のソース」を頼む。ソースがサッパリしているので、ペロリといけてしまう。麻婆豆腐もコクがあって美味しい。そしてこの店の海老は大きくてプリプリ。地元で人気の店なので、必ず予約を。

住所／京都市北区平野上八丁柳町35-4【地図Ⓐ】　電話／075-461-7277

営業時間／17時30分〜22時（21時30分LO）　定休日／月曜、第1・第3火曜

13 両足院の半夏生と「用と景」

半夏生の清涼感が楽しめる庭

六月に入ると、特別に公開される素敵な庭がある。毎年、梅雨の頃になると、私はその特別公開を心待ちにしている。

それは祇園にある建仁寺の塔頭、両足院《りょうそくいん》の庭。

両足院は、毎年六月初旬〜七月初旬まで庭を公開している。それはちょうど「半夏生」という植物がこの時期に見頃を迎えるからだ。

半夏生とは、七十二候の半夏生の頃に咲くドクダミ科の多年生植物。花の周りの葉の表側だけ葉緑素が抜けて白くなり、まるで花びらのように見える。よく見ると小さい花が咲いているのだが、花が目立たない分、この白い葉を目立たせて虫を誘う仕組み。半分化粧しているようにも見えるので、「半化粧」という字をあてたりもする。

また、上の三枚ほどの葉が常に白いので、「三白草《さんぱくそう》」とも呼ばれる。白い葉は花が終わる頃にはちゃんと緑色になる。

ドクダミ科なので花はドクダミと同じ匂い。ドクダミと同様に、地下茎でどんどん増える。

水が好きな植物であるため水辺の環境が適しており、雨が降った後は特に美しく見える。

梅雨でムシムシしたこの季節に半夏生を見ると、スッとするような清涼感を覚える。半夏生のおかげで庭がとても涼しげに見える。

両足院の半夏生は池を囲むように生え、白い葉が水面に映る景色がまた美しい。池と苔の緑の空間に、花弁のような白い葉の半夏生の群生はとてもよく映える。

冬には地上部は枯れるので、この季節だけ楽しめる美しい風景なのだ。

半夏生は茶花としても使われる。両足院のように茶庭として設計された庭にはピッタリの植物だ。

遠回り、一休みが余韻を生む

両足院の庭は、茶道藪内《やぶのうち》流の五代目宗匠、藪内竹心紹智《ちくしんじょうち》（一六七八―一七四五）の作。彼は藪内家中興の祖といわれ、千利休時代の茶道のあり方への回帰を問うた人。また、漢詩にも精通したインテリだった。

庭は池泉回遊式と茶庭が融合しており、茶室に向かう道すがら、水辺と山の両方の景色が楽しめる。高低差を活かし工夫されたデザインは、庭の狭さを全く感じさせない。祇園の真ん中にいるとは思えない、自然に溢れた静かな空間。

茶人が設計した庭だけあって、静かにお茶を飲む場所として優れている。まるで人里離れた山中、池のほとりでゆるりと過ごしているかのようだ。

ここには如庵《じょあん》写しの茶室「水月亭《すいげつてい》」と「臨池亭《りんちてい》」がある。

如庵とは、織田信長の弟、織田有楽によって造られた名茶室で、国宝に指定されている。これを模したのが「水月亭」で、嘉永年間（一八四八―一八五四）に再建された。

書院からは、この二つの茶室と半夏生に囲まれた池、そして小笹の合間から覗く石の景色を眺めることができる。

ここからの景色がとてもよい。小笹が斜面を覆い、池と山の景色がぐっと迫って見える。そして石の配置が美しい。主張し過ぎない、周りの風景に優しく馴染む石の魅力がある。これだけの数の石を斜面に置くと、少しうるさくなりそうだが、ちょうどよい配分で自然な景色を作っている。

中門から入って庭へと誘う飛石がゆるやかに茶室へと続いていく。途中、大きな丸い石があるが、これは「踏分《ふみわ》け石《いし》」といって、分岐点に置かれる石。少し足を止め、景色をゆっくりと眺める。ここで、次に進む道へのちょっとした間が生まれる。

ここに、庭を設計した人の意図が表れている。ただ合理的に一番近い距離を歩くのがいいわけではない。少し無駄と思わせる遠回りや一休みをすることで、庭をゆっくり眺める余裕が生まれる。

歩いてみるとよくわかる。一歩一歩進むごとに心落ち着き、踏分け石で立ち止まって景色を振り返る。最後まで歩き終わった頃には、美しい風景の余韻が生まれる。

本当に美しい茶庭とはこういう空間なのだと思う。江戸時代の茶人がプロデュース

両足院　半夏生と茶室

した庭でお茶をいただき、半夏生を眺める。本当に贅沢だ。

用と景

千利休は露地《ろじ》（茶庭のこと）について、「渡り六分、景四分」がよいと唱えた。「渡り」とは歩きやすさのこと。それに対して「景」は見た目の美しさのこと。利休が、見た目の美しさよりも、歩きやすさという機能性を重視したことを表す。

それに対して、利休の高弟で、茶の湯を発展させた古田織部《ふるたおりべ》は、「渡り四分、景六分」と唱えた。織部は、美しさをより重要視した。

飛石一つとっても、機能性と美しさのバランスは、茶人によって微妙に違う。日本の庭文化の繊細なところであり、美しさだけでなく機能性のことも吟味して造られていることをよく表している。

そんなことを考えながら庭を見ると、飛石の美しさに理由があるのがよくわかる。何となく美しいのではないのだ。

もう一つ、両者の言葉で面白いのは、割合が決して五分五分ではないところ。これが日本の美の特徴的なところだ。

ヴェルサイユ宮殿の庭を代表するようなフランス式庭園は、ビスタという軸線を中心に、線対称となる庭園が展開する。キッパリと二分された構成美の世界。

しかし日本庭園はそれをよしとしない。はっきり分けるのではなく、六分や四分といった微妙なバランスの世界を大切にする。これが日本庭園の繊細さを生む。

日本庭園を造る時に必要なのは、「用《よう》と景《けい》」のバランスだと言われている。「用」とは機能性、「景」は美しさ。この二つの要素を絶妙に織り交ぜて、美しい日本庭園は完成する。

両足院の庭には、この用と景の要素が見事に取り込まれている。飛石も、蹲《つくばい》も、機能的かつ美しいバランスで配置されている。

代々木第一体育館（国立代々木屋内総合競技場）を設計した丹下健三《たんげけんぞう》は、「機能的なものが美しいのではない。美しきもののみ機能的である」という言葉を残している。

先人たちはすでにそれを知り、何百年も前から庭の中に取り込んでいた。よく考えられた本当に美しいものは、自ずと機能的なのだ。

両足院　書院からの眺め

■両足院

建仁寺第三五世の禅僧、龍山徳見《りゅうざんとくけん》を開山とする、建仁寺の塔頭寺院。臨済宗建仁寺派。庭園は白砂と苔に青松が美しい唐門前庭、枯山水庭園の方丈前庭、そして京都府指定名勝庭園の池泉回遊式庭園からなり、初夏の頃には半夏生が池辺を彩る。

特別拝観の期間中は、貴重な寺宝も特別公開される。また事前に予約すれば座禅体験もできる。

住所／京都市東山区大和大路通四条下ル4丁目小松町591【地図Ⓖ】

拝観時間／10時～16時（17時閉門）

〈オススメの店〉

カフェ ヴィオロン

両足院のある建仁寺の南門を出て、徒歩五分。祇園の喧騒から一転して静かな松原通沿いに、レトロな佇まいの「カフェ ヴィオロン」がある。

夏季限定の「乙女のクリームソーダ」は、アイスクリームでバラ模様を作った可愛い飲み物。私が一番好きなメニューは「リンゴのシャーベット」。本物のリンゴが一個丸ごとくり抜かれ、その中にシャーベットが入っている。容れ物のリンゴも、もちろん食べることができる。京都には、こんな素敵な喫茶店がひっそりとあって、とても嬉しい。

住所／京都市東山区松原通大和大路東入2丁目轆轤町80-3【地図Ⓖ】
電話／075-532-4060
営業時間／9時～21時（20時LO）　定休日／木曜

14　梅宮大社の紫陽花

シーボルトに救われた花

梅雨の時期は毎日じめじめした天気が続いて鬱陶《うっとう》しい。しかし植物にとっては恵みの雨。紫陽花《あじさい》の季節でもあり、華やかなその色合いが、私たちの目を楽しませてくれる。

私たちがよく目にしているカラフルな紫陽花は、西洋アジサイという種類で、海外から入ってきたもの。しかし、もともとは日本原産のガクアジサイがヨーロッパで品種改良され、それが再び日本に入ってきたということをご存知だろうか？

そして、日本のガクアジサイを海外に持ち帰って紹介したのが、あのシーボルトであることも意外と知られていない。

シーボルトは江戸時代、日本に滞在したドイツ人医師。当時の日本は鎖国政策をとっており、オランダにしか門戸を開いていなかった。シーボルトはオランダから、長崎出島のオランダ商館付きの医師として派遣され、来日した。しかし後に彼は、日本地図を海外に持ち出そうとした罪で、国外追放になる（世にいう「シーボルト事件」）。

シーボルトは日本に滞在していた折、日本の動植物を調べ、様々な植物を採集していた。彼はそれを元に、帰国してから『日本植物誌』という書物を刊行し、日本の植物をヨーロッパに紹介した。

ガクアジサイも『日本植物誌』の中で紹介された。そしてこれがきっかけで、ヨーロッパで紫陽花の品種改良が進み、その結果たくさんの品種が生まれて、西洋アジサイは大人気となった。

さらに、それが日本に逆輸入され、今や日本中至るところで紫陽花の花が見られるようになった。シーボルトも、自分が持ち帰ったガクアジサイがこんな形で広まるとは思ってもみなかっただろう。

シーボルトがヨーロッパで紹介した紫陽花の中でも有名なのが、「七段花《しちだんか》」という種類。『日本植物誌』の中にもこの花の絵が残されている。

ただ、その後日本国内でこの花は発見されず、日本では絶滅した「幻の花」と呼ばれていた。

しかしシーボルトの時代から一三〇年後の一九五九（昭和三四）年、兵庫の六甲山で自生の七段花が発見される。幻の花はまだ残っていたのだ。

薄水色の可憐な七段花は、シーボルトの目を惹きつけただけあって、凛として美しい。今では神戸市立森林植物園で、たくさん咲いている姿が見られる。

シーボルトが紹介していなかったら、七段花は誰にも知られずにひっそりと絶滅していたかもしれない。日本の自然を愛した外国人によって救われた花なのだ。

紫陽花の隠れスポット

京都で紫陽花が見られる場所としては、宇治の三室戸寺《みむろとじ》や藤森神社などが有名だが、私がいつも見に行くのは梅宮大社《うめのみやたいしゃ》だ。

紫陽花の数と迫力では断然、三室戸寺が一番。しかし、ここは人気スポットで常に混んでいるので、ちょっと気後れしてしまう。

梅宮大社は、松尾《まつのお》大社から東に一五分ほど歩いた場所にひっそりとある、小さな神社。

しかし由緒ある神社で、橘《たちばな》一族を氏神とし、酒造の神として、また子授けや安産の神として信仰されている。祈禱を受けた後に、夫婦で境内の「またげ石」をまたぐと子宝に恵まれると言われている。

あまり知られていないが、有料の神苑の奥には紫陽花園があり、ヤマアジサイやカシワバアジサイの花がたくさん咲いている。数は少ないが、珍しい色や形の可愛い紫陽花を見ることができる。

この庭は華美ではないが、静かな空気に溢れ、ゆっくりと花を眺めることができる。紫陽花の色も深くて美しい。自然の山道を歩いているような気持ちになる。

神苑庭園には他にも色々な植物が植えられ、カキツバタの名所としても知られる。梅宮大社という名前にふさわしく、梅の木もたくさん植えられていて、初春の頃には梅のいい香りがする。

春には桜。五月は霧島ツツジ、カキツバタ、花菖蒲《はなしょうぶ》、藤。六月は紫陽花と、一年中、常に花が咲いている。特に、霧島ツツジが真っ赤な花を咲かせた姿は素晴らしい。

梅宮大社の紫陽花

梅宮大社　咲耶池と霧島ツツジ

東の植治・西の植音

ここに来たら、咲耶池《さくやいけ》の島にある茶席「池中亭《ちちゅうてい》」をぜひ見て欲しい。一八五一（嘉永四）年に建てられた茅葺《かやぶき》屋根の茶室なのだが、その屋根がとても変わった形をしている。複雑な形に刈られていて、なんともユニークなのだ。「芦のまろ屋（芦で葺いた小屋という意味）」とも呼ばれ、平安時代にこの梅津の里に建てられた貴族の山荘の風景を伝えるという。平安貴族は、なかなか洒落たお屋敷に住んでいたようだ。

この茶室を、カキツバタや霧島ツツジとともに眺める景色がとてもよい。

この神苑を明治時代、美しい庭に仕上げたのが、初代「植音《うえおと》」の奥田音吉。植音は京都に素晴らしい庭をたくさん造っている。

当時「東の植治《うえじ》・西の植音」と言われ、小川治兵衛と並んで日本の造園師の双璧と称された（植治は小川治兵衛の屋号）。素晴らしい庭師によって造られた神苑は、今もその風格を保っている。

この神苑はテレビ時代劇「鬼平犯科帳」の撮影にもよく使われたらしい。時代を超えても変わらない景色が、撮影にぴったりだったのだろう。

余談になるが、江戸が舞台のはずの鬼平犯科帳では、京都の中でも特に江戸時代の風情が残っているような場所が、ロケ地としてよく登場した。私は劇中に登場する京都の風景をいつも楽しみに見ていた。

観光地ではない、地元の人が行くところを巡ると、また違う京都の風景が見えてくる。中村吉右衛門（鬼平犯科帳で長谷川平蔵を演じた歌舞伎役者）も、梅宮大社の景色をゆっくり楽しんだのかもしれない。

梅宮大社　池中亭

■梅宮大社

橘 諸兄《たちばなのもろえ》の母、橘三千代が酒解神《さけとけのかみ》、酒解子神《さけとけごのかみ》（大山祇《おおやまつみ》、木花咲耶姫《このはなのさくやひめ》）を祭り、酒造安全と子孫繁栄を祈願したという神社。建立は奈良時代の七五〇年頃。その後、嵯峨天皇の后・檀林《だんりん》皇后が井手町から現在地に遷座した。皇后はこの神社に祈願して、初めて皇子をもうけたといい、以来、子授けの神として信仰された。

住所／京都市右京区梅津フケノ川町30【地図Ⓕ】

拝観時間／9時〜17時（16時30分受付終了）

〈オススメの店〉

カザレッチョ

阪急嵐山線の松尾大社駅から徒歩三分。松尾大社のすぐ近くにあるイタリアンの店。ランチは一六九五円で、前菜、スープ、パスタ、デザート、飲み物が付いて、とってもお得。前菜も色々な種類が食べられる。パスタも美味しく、種類が豊富なので満足できる。特にランチは人気なので予約した方がよい。混雑時は料理が出てくるのに時間がかかることもあるため、ゆっくりできるスケジュールで行くことがお勧め。
住所／京都市西京区松室追上ゲ町29-5【地図Ⓕ】　電話／075-381-5754
営業時間／11時30分～15時（14時15分ＬＯ）、17時30分～22時（21時15分ＬＯ）
定休日／月曜

15　祇園祭と杉本家の庭の美

七月の京都は祇園祭一色

七月に入ると、京都の街に祇園祭のお囃子が流れ始める。

祇園祭は一ヵ月に及ぶ祭り。七月一日の吉符入り《きっぷいり》に始まり、前祭《さきまつり》は一四日から一六日の宵山行事と一七日の山鉾《やまほこ》巡行が行われる。そして二一日からは二〇一四年から復活した後祭《あとまつり》が始まり、二四日に山鉾巡行が再び行われる。

三一日の疫神社夏越祭《なごしさい》が終わるまで、京の街は祇園祭一色になる。

祇園祭は八坂神社の祭礼で、上賀茂神社・下鴨神社の葵祭《あおいまつり》、平安神宮の時代祭と並び、京都三大祭の一つに数えられる。その歴史は平安時代に遡り、当時京の都に流行っていた疫病を鎮《しず》めるために始められた。そのため明治までは「祇園御霊会」と呼ばれていた。

祇園祭のハイライトは一七日の山鉾巡行。毎年この頃には梅雨も明け、青空のもと行われる……はずなのだが、二〇一五年は台風の影響によって開催が危ぶまれる事態になった。

山鉾巡行がこれまでに中止になったのは、

①一四六七〜一四九九年の「応仁の乱」による町や人心の荒廃

②一八六五年、前年に起きた「禁門の変」による混乱（前祭のみ中止）

③一九一二年、明治天皇の容体悪化（後祭のみ中止）

④一九四三〜一九四六年、太平洋戦争の影響

⑤一九六二年、阪急電鉄の四条通地下工事

と、千年以上にわたる歴史の中でたったこれだけ。本能寺の変の時も、徳川家綱《いえつな》が亡くなった時も、コレラが流行った時も、明治天皇が崩御した時も、延期はされても祭りはちゃんと執り行われた。だから少々の雨風くらいで中止になることなどありえない。二〇一五年も傘の花が咲くなか、無事に開催された。

各町内に建つ鉾や山の装飾品は歴史的価値のあるものが多く、鶏鉾《にわとりほこ》では一六世紀ベルギーで織られた絨毯を見ることができる。祇園祭全体が美術館みたいなものなの

だ。

宵山行事の間は、旧家や商家でその家に代々伝わる屛風などの家宝も公開される。豪華なお宝を見ると、日本のビジネスを牽引していた、京都商人の底力を感じる。いつもは見ることができない家の内部を、祇園祭の間だけ特別公開する町家もある。町家の風情を楽しみながら巡るのもいい。

庭にひそむ京都人の美意識

商家の間取りはとてもよくできている。通りに近い手前側は商売をする場所で、お客さんが出入りするパブリックなスペース。奥に行けば行くほど私的な空間の色合いが強まっていき、一番奥の部屋は客間や仏間になる。客間に入れるのはごく限られた客人のみ。京都の町家は防犯上も、よく考えられた造りなのだ。

その客間から眺める庭は座敷庭と呼ばれ、最もプライベートな空間になる。座敷庭は眺めるためのもので、家の人でも庭の中に入ることはほとんどない。

町家の庭は、限られたスペースの中でどう美しく見せるかを考えてデザインされている。限られた人しか見ない場所に最も気を使うところに、京都人の美意識の高さを感じる。

たとえば、灯籠や植物の選定、敷石や垣根のデザイン、据える石のセンスなど、細部に至るまで考え抜かれ、趣向が凝らしてある。住む人の趣味や嗜好が反映され、それぞれの家によって独自の庭が造られる。

もちろん機能性も兼ねている。採光だけでなく、風を通すことで通気性をよくし、厳しい京都の夏の暑さを軽減する役目も果たしている。

杉本家住宅は、祇園祭の時に、伯牙山《はくがやま》のお飾り場としてご神体が飾られる町家。祇園祭の宵山行事が行われる七月一四日〜一六日に特別公開される。

杉本家は一七四三（寛保三）年、「奈良屋」の屋号で、烏丸四条下った場所に呉服商を創業。一七六七年に現在の場所に移った。現在の母屋は一八七〇（明治三）年に上棟したもので、今も当時のままの姿を残す。庭もその時に造られたもの。

二〇一〇（平成二二）年に杉本家住宅は重要文化財に指定され、二〇一一年には「京町家の庭」として初めて国の名勝指定を受けた。

杉本家の座敷庭

ここのお座敷から眺める庭が美しい。モッコク、カシ、ツバキ、カクレミノなどの常緑樹が、しっとりと落ち着いた風景を作っている。背景の黒文字の垣根が、外界と区切るだけでなく、庭に品のある雰囲気を作っている。座敷との統一感も素晴らしい。庭の飛石は伽藍礎石《がらんそせき》や細長い切石が使われている。石の配置の仕方に変化があってとてもよい。

ここには面白い手水鉢がある。手水鉢は手を洗う水を入れた鉢で、庭園の装飾としても使われるが、杉本家の手水鉢は、五条橋の橋脚として使われていた石を利用したもの。二つの石が重なって出来ている。京都の歴史を感じさせるこの石は、庭に特別な重厚感を出している。

この庭には、あまり他では見られないサネカズラという植物が生えている。これは、現在、杉本家保存会事務局長で、料理研究家をされている杉本節子さんの父、故・杉本秀太郎氏が、大切に育てられたもの。

サネカズラの下には竹で編んだ台が作ってあり、風通しをよくして、育ちやすくする工夫がなされている。植物に対する細やかな心配りに、感動する。

建物の西側には、苔が美しい茶庭が広がっている。杉本家は西本願寺の門徒。西本願寺と関わりの深い藪内家の茶室、燕庵《えんなん》の庭の影響を受けている。信仰と茶道に基づいた茶庭なのだ。

ここの中門に使われている垣根は「松明垣《たいまつがき》」と呼ばれるもの。これも藪内家の緝熙堂《しゅうきどう》露地にある中門と同じ意匠で、藪内家独特のものだ。同じ意匠が使われているところに、この庭の格の高さが窺える。

仏間の隣にある「仏間庭」はとても珍しい坪庭だ。「滑石《なめりいし》」と呼ばれる、黒くて薄い丸石が綺麗に敷きつめられた空間に、銅の水盤が置かれている。ご先祖供養の時は、水盤の水を取り替え、滑石に水を打ち、お坊様をお迎えする。この石は、西本願寺北能舞台の白洲にある石と同じもの。一八七〇（明治三）年にこの家ができた時から変わらない。

滑石は楽茶碗の釉薬に使われた石。その黒石の美しさは日本人の心を打つ。信仰と結びついた仏間庭は格式が高く、黒く輝く滑石がこの場所を一層品よく見せている。

杉本家の庭に流れる上品な空気は特別だ。一つ一つの手水鉢や飛石、灯籠、樹木や下草に至るまで、こだわって選ばれている。

統一されたセンスのよさや、行き届いた手入れが、どの庭にも表れている。

杉本家の仏間庭　滑石と銅の水盤

杉本家の露地庭

この家の凛とした空気に触れると、背筋がしゃんとする。毎日を丁寧に暮らし、当たり前のことをきちんとする日々が積み重なって、美しいものが残される。何代にもわたって大切に守り続け、繋げてきた風習や価値観は、美意識の高い暮らしを生む。美意識とは、日常の暮らしの中で培われるものなのだ。

■杉本家住宅

杉本家は一七四三（寛保三）年、「奈良屋」の屋号で京都・四条烏丸に呉服商として開業。現存する杉本家住宅は一八七〇（明治三）年の建立で、一九九〇（平成二）年には京都市指定有形文化財に選定、二〇一〇（平成二二）年には国の重要文化財に指定された。現在、公益財団法人・奈良屋記念杉本家保存会が維持運営にあたっている。

京都市最大規模の古い町家建築であり、江戸時代の大店《おおだな》の構えを残す。祇園祭の際には、「伯牙山《はくがやま》」のお飾り場として、通りに面した「店の間」に、「ご神体」や懸装品《けそうひん》が飾られる。

住所／京都市下京区綾小路通新町西入ル矢田町116【地図Ⓗ】

〈オススメの店〉

大極殿本舗《だいごくでんほんぽ》 六角店《ろっかくみせ》 栖園《せいえん》

一八八五（明治一八）年創業の京菓子店で、築約一四〇年の町家は京都らしい風情。店の中には甘味処「栖園」がある。四月～一二月限定の「琥珀《こはく》流し」がイチオシ。寒天ゼリーを甘くてさっぱりとした蜜でいただく。ツルッとした食感で見た目も美しい。毎月味が替わるので、月ごとの味を楽しむのも一つ。

住所／京都市中京区六角通高倉東入ル南側【地図Ⓗ】

電話／075-221-3311　営業時間／10時～17時（販売は9時～19時）

定休日／水曜

16　無鄰菴──山縣有朋と小川治兵衛の庭への情熱

「夏の京都には絶対に帰ってきません！」

祇園祭が終わると、京都は猛暑という言葉では表せないほどの厳しい夏を迎える。湿気がその原因の一つ。まるでサウナの中、重い空気を掻《か》き分けて歩いているような感覚。汗がダラダラと流れる。

京都で生まれ育った私でも、この夏の湿気は未だに慣れない。湿気が出始めると食欲が減退し、クーラーのかかった部屋に引きこもってしまう。

私の叔母はアメリカ人と結婚し、今もアメリカに住んでいる。彼女は、祖父の転勤の都合でアメリカの寄宿舎付きのスクールに通っていたため、日本に住んでいた期間は短く、日本語よりも英語の方が達者。しかし結婚後も祖父と祖母に会いに、何年かに一度は京都に帰省していた。

ある年、真夏に帰国した叔母は、京都のうだるような暑さにすっかり辟易《へきえき》して、私に英語でキッパリとこう言った。

I will never come back to Kyoto in Summer! Never! Ever!!
(夏の京都には二度と帰ってきません！　決して！　絶対に!!)

その言い方があまりにも強かったので、まだ中学生で英語を習いたての私でも、このNever! Ever!! という単語だけはしっかりと記憶に残った。そしてこの宣言通り、叔母が夏の京都に帰省することは二度となかった。

第三の無鄰菴

そんな暑い夏の京都で、涼を求めて眺める庭はどこがよいか？　庭の中に川が流れる「無鄰菴」をお勧めする。ここでは小川が流れる涼しげな風景を見ることができる。「無鄰菴」とは山縣有朋の別邸の名前。実は無鄰菴と名付けられた彼のお屋敷は三つある。

第一の無鄰菴は山縣の出身地、下関にあった草庵。この草庵の近くに隣家がなかったのでそう呼ばれた。

第二の無鄰菴は京都の木屋町二条下ったところにある屋敷。今は日本料理店（「がんこ高瀬川二条苑」）になっている。元は角倉了以《すみのくらりょうい》の屋敷だったところ。角倉了以は安土桃山時代の豪商で、高瀬川の水路を造り、京都の水陸網を整えた人物だ。

この日本料理店の庭には高瀬川から引いた川の流れがあり、青紅葉を背景に涼を感じることができる。屋敷をそのまま店に変えているので、川の景色を部屋の中で眺めながら食事をすることができる。忙しくない時間帯であれば、お店の人にお願いし、庭だけ見せてもらうことも可能。

そして第三の無鄰菴が、岡崎の南禅寺近くにある屋敷。三つある無鄰菴の中で、ここが最も知られているのは、「無鄰菴会議」が開かれた歴史的な場所だからだ。

無鄰菴会議とは日露戦争開戦前の一九〇三（明治三六）年、内閣総理大臣・桂太郎、外務大臣・小村寿太郎、そして山縣有朋、伊藤博文の四名が、以後のロシア政策について話し合った会議。和建築の母屋の隣に建つ洋館の一室で行われた。

今回お勧めするのは、この第三の無鄰菴の庭園。琵琶湖疏水から水を引いた小川が敷地内を流れ、涼しげな風景を作っている。芝生とのコントラストもよく、他の日本庭園に比べてとても明るい。

山縣有朋と小川治兵衛の最強コンビ

この庭を作庭したのは七代目植治の小川治兵衛。「平安神宮　神苑の庭」でも紹介した、明治から昭和初期に活躍した庭師、そして作庭家だ。

彼はもともとふつうの庭師であり、無鄰菴を作庭する以前は、並河靖之《なみかわやすゆき》という七宝家の邸宅の庭しか手がけたことがなかった。しかし一八九四（明治二七）年に山縣有朋を紹介され、第三の無鄰菴の造営に関わることで、彼の能力は大いに発揮される。そしてこのことがきっかけで、後世に名を残す偉大な作庭家となった。

一方、山縣有朋は明治の軍人であり政治家。長州藩出身で陸軍軍人から内閣総理大臣まで務めた人物。境遇のまったく違うこの二人をつなぐ共通点、それは「庭を造る情熱」だった。

無鄰菴　秋の庭

山縣有朋は庭造りのアイデアが豊富な人だった。それまでの日本庭園の枠にとらわれず、明治の新しい時代に相応しい近代的な庭を造ろうとした。

それまで京都の庭と言えば苔と相場が決まっていたが、彼は苔を使わず、芝生を用いるよう注文した。芝生を使うことによって、この庭は西洋庭園のように明るく広々とした、他に類を見ない庭となった。

有朋は「自己流の庭を造る」と語っていたそうで、そのこだわりがこの芝生から見て取れる。また、有朋は東山の借景にもこだわったようで、山の景色がこの庭をますます広々と見せている。

また、その頃にちょうど新しく完成した琵琶湖疏水の水を庭に引き込み、ゆったりとした明るい小川を造らせた。ここも有朋のこだわった点で、大名庭園などで見られる池ではなく、常に水が流れる川こそが彼の好む景色だった。

第二無鄰菴も庭園に流れる小川が美しい。有朋が第三の無鄰菴の造営を岡崎に決めたのも、琵琶湖疏水から庭に水が引けるという理由からだった。それほど有朋は、庭園の中に流れる川を造ることにこだわった。

この川には石橋以外にも石が水の中に配置され、向こう岸に渡ることができるようになっている。これは「沢渡石《さわたりいし》」と呼ばれるもので、川により近づき、楽しめる仕掛けになっている。平安神宮の神苑にも見られ、後に小川治兵衛が得意とする技法となっていく。

また川底には小石を幾つも埋め込み、水の流れに変化がつくようになっている。これも治兵衛ならではのデザインで、彼が手がけた庭園の川には、よくこの技法が用いられている。

小川治兵衛も第三無鄰菴の庭を造ることで大きく成長し、自分が得意とする手法を開拓していった。そして有朋の好みやアイデアをすべて形にし、彼の期待に応える庭を造り上げた。

この無鄰菴を作庭したことで、小川治兵衛は当時の京都府知事に「山縣さんとこの植木屋を呼んで！」と指名され、京都あげての大プロジェクト・平安神宮造営の神苑の作庭を依頼される。

これは格安で請け負った仕事だったようで、彼は後々、報酬が少額しか支払われなかったと語っている。

しかしこの神苑での作庭の技量が認められ、以降、数々のセレブたちの庭園を作庭

無鄰菴　全景

することになる。それは住友家や西園寺公望などという超豪華な顔ぶれ。そして後に、他の持ち主のものになっていた第二無鄰菴の庭の改修も行う。

小川治兵衛は明治という新しい時代に、「ジャパニーズドリーム」を叶《かな》えた人と言えよう。それらはすべて山縣有朋と無鄰菴に出会えたことで始まった。彼自身も後年、自分の成功は山縣有朋のおかげだったと語っている。

庭がつないだ二人の友情。そんな視点から無鄰菴を眺めると、見た目の涼しさとは裏腹に、明治の男たちの熱いやり取りが見えてくる。

有朋がアイデアを出し、治兵衛が形にする。無鄰菴は、まったく境遇の異なる二人が庭を造る情熱でつながった、最強のコラボ作品なのだ。

■無鄰菴

庭園は小川治兵衛（植治）の作。東山を借景とし、疏水から引き入れた水の流れがゆったりとした曲線を描いている。東端は、醍醐寺三宝院の滝を模した三段の滝、池、芝生を配した池泉回遊式庭園。一九五一（昭和二六）年、明治時代の名園として国の「名勝」に指定されている。

住所／京都市左京区南禅寺草川町31【地図Ⓑ】
開園時間／9時～17時（入園は16時30分まで）
休園日／年末年始（12月29日～翌1月3日）

〈オススメの店〉

菓子・茶房 チェカ

岡崎の京都市動物園の北側にある、小さくて可愛いケーキ店。ここのティラミスは、ドーナツのような丸い形をしていて可愛く、とても美味しい。チョコレートケーキはフワフワなのに濃厚。いつもどちらをオーダーするか悩んだ末、両方頼んでしまう。夏季限定「氷屋チェカ」が始まると、自家製蜜のかかったカキ氷が食べられる。夏の京都の暑い散策の後、ぜひヒンヤリとひと休みして欲しい。

住所／京都市左京区岡崎法勝寺町25【地図Ⓑ】　電話／075-771-6776
営業時間／10時～19時　定休日／月・火曜

17　五山の送り火と、宝厳院の苔と石

「先祖を大切にする」という気持ち

八月一六日は五山の送り火。京都の夏の風物詩の一つで、大文字、妙法、船形、左大文字、鳥居の五山で火を焚き、お盆にお迎えしたお精霊《しょらい》さんと呼ばれるご先祖の霊を浄土にお送りする行事だ。

夜八時に着火する大文字を皮切りに、松明《たいまつ》で描かれた文字が次々と浮かび上がる。夜空に浮かぶオレンジの炎は凛として美しく、その荘厳さに毎年見惚れてしまう。LEDライトでは出せない、私たちの記憶の中に組み込まれている炎の色だ。

京都にはさまざまな形でお盆の行事が残っている。お盆に帰ってくる先祖の霊が迷わないように「迎え鐘」を鳴らす風習は、千本ゑんま堂や六道珍皇寺の「六道参り」で見ることができる。

また、お盆から送り火まで四つ足のものは一切食べず、野菜中心の精進料理にする風習も残っている。生臭いものを避けるために、この時期は出汁も鰹節を使わず、昆布や椎茸を使ってとる。

京都にいると「ご先祖様を大事にする」という気持ちが自然に生まれるのかもしれない。私も送り火を見ると、亡くなった祖母や祖父のことを想う。

送り火が終わると、京都の夏の暑さは少し和らぐ。京都人は「送り火が終わると暑さもマシになるわぁ」という会話を交わし、その後の残暑を乗りきる。

そんな意味でも五山の送り火は京都人にとって大切な行事なのだ。

ある年の送り火の日、友人が番組のコーディネートをしていたフランスのテレビ局のスタッフが、五山の送り火の撮影をしたいと京都にやってきた。

聞けば「日本人の死への価値観」というテーマで取材をしているとのこと。

フランス人には、「お盆に、死んだ人たちがあの世からこの世に帰省し、少しばかり滞在し、また浄土に戻って行く」という発想は斬新。先祖のためにわざわざ火のついた松明を山に運び、文字を描き夜空に浮かび上がらせる、という大がかりな行事を、彼らはまったく理解できない様子だった。フランス人のカメラマンは「会ったこともない先祖のためになぜこんなことをするのか？」といぶかしげに聞いていた。

日本人の生活には仏教の死生観がすんなりと溶けこんでいると思う。死者を敬《うやま》うということは自分たちの現在を見つめること、ということを特別に教わらなくても知っている。

昔の人は今よりもずっと短命で、病の恐怖も大きかった。長寿に対する憧れは今以上であっただろう。祖先に礼を尽くすことで、自分たちの平穏無事や健康長寿を祈ったのだと思う。

死への畏怖の念を持ち、お盆に先祖を大切に迎える風習は、日本の成熟した文化の一つだ。

「苔」「石」という名に込められた思い

先日、高校で古文を教えている友人から面白い話を聞いた。

平安時代の名前には、「苔」や「石《いわ》」という名前があったらしい。コケちゃん、イワちゃん……子供にはちょっと渋すぎる名前だ。

しかし平安時代、長い時間をかけて育つ苔は、長命でおめでたいものの象徴だった。また、この時代の石への考え方は今と違う。私たちは大きな石が砕《くだ》けて細かい石ができると知っているが、当時は細かい小さな石が長い時間をかけて集まり、大きな石になると信じられていた。

この考え方は私たちがよく知っている歌の中に出てくる。


――君が代は　千代に八千代に　さざれ石の巌《いわお》となりて　苔のむすまで――


さざれ石は「細石」と書き、細かい石のこと。細かい石が集まって大きな岩となり、さらにそこに苔が生えるくらい長い時間を表している。

苔や石という名前には、短命の多かった時代に、少しでも子供に長生きして欲しいと願う親の気持ちが込められていたのだろう。平安時代には苔ちゃんや石ちゃんという名前が流行っていたのかもしれない。

今回はそんな苔や石が美しい庭を紹介したいと思う。

宝厳院　獅子吼の庭

石と苔と長い時間が造った美しい庭

嵐山、天龍寺のすぐそばに、宝厳院《ほうごんいん》という塔頭がある。

もともと妙智院という天龍寺の塔頭の敷地であったが、幕末の兵火に遭《あ》い、その後、大正時代に日本郵船の重役であった林民雄がこの地に別荘を建て、庭も整備した。そして二〇〇二（平成一四）年、宝厳院がこの地に移ってきた。

庭園は室町時代に造られたもので、「獅子吼《ししく》の庭」と呼ばれる。名庭として知られ、江戸時代のガイドブック「都林泉名勝図会」にも紹介されている。

「獅子吼」とは、「仏が説法する」という意味。その名の通り、この庭には独特の凜とした空気が流れている。

庭を造ったのは策彦周良《さくげんしゅうりょう》（一五〇一—一五七九）という臨済宗の禅僧。中国の明に二度渡り、外交官としても活躍した。武田信玄や織田信長とも親交があったが、後世は妙智院の住職として表舞台にはあまり出なかった。

庭園内は苔と楓の緑が美しく、小川の流れも涼しげ。歩くと心が澄んでいくようだ。

苔の絨毯は生き生きとしている。楓の樹々が織りなす青紅葉の景色は神秘的で、秋には、真っ赤やオレンジ色の素晴らしい紅葉を見ることができる。

庭を歩き、美しい景色を眺め、自然を感じることで仏の教えを知る。禅僧が作庭したこの庭には、人智を超越した何か不思議な力が宿っている。

それは庭に据えられた獅子岩や碧岩などの巨石の影響もある。

獅子の顔に見えることから獅子岩と呼ばれる石は青く、美しい。岩の表面にはさまざまな苔が生え、室町時代からの長い、静かな時間を感じさせる。まさに千代に八千代に月日を重ねて、美しい風景を作ってきた。

人間の力や時間を超えた時に、美しい庭が完成すると実感する。

宝厳院の庭は、特別公開の時にだけ見ることができる。二〇一五年の夏には、先述の林民雄が建てた大正時代の数寄屋建築の書院も公開された。

部屋の大きな窓からは、楓の森のなかの岩や小川を鑑賞することができる。窓を額縁に見立てて眺めると、幾重にも重なった自然の緑の深さに感動する。仏の説法を形で表すと、こんなにも美しい庭になるようだ。

宝厳院　秋の「獅子吼の庭」

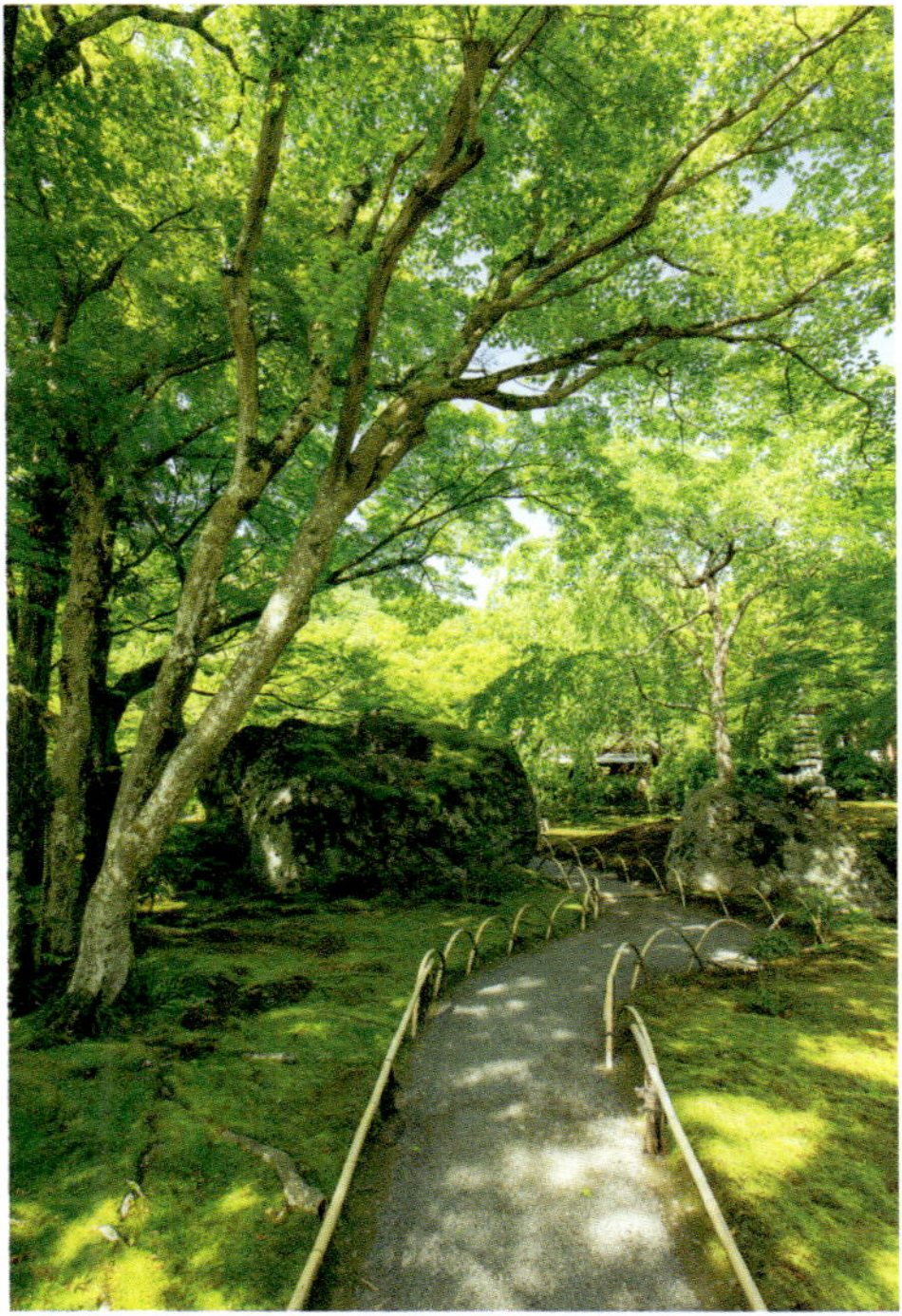

宝厳院　新緑の季節の庭

■宝厳院

臨済宗大本山・天龍寺塔頭。もとは上京区禅昌院町にあった細川頼之の昭堂で、一四六一（寛正二）年、禅僧・聖仲永光を開山に迎え創建したと伝えられる。一九七二（昭和四七）年からは天龍寺塔頭弘源寺の境内にあったが、二〇〇二（平成一四）年に現在地に移った。「獅子吼の庭」は室町時代の禅僧・策彦周良の作で、嵐山を借景とし、紅葉と「獅子岩」などの巨岩を配した回遊式庭園。特別公開時のみ拝観可能。特に秋の紅葉のライトアップは有名で、多くの人が訪れ行列ができる。

住所／京都市右京区嵯峨天龍寺芒ノ馬場町36【地図Ⓔ】

拝観時間（特別公開時）／9時〜17時

〈オススメの店〉

カモシカのお菓子

ＪＲ嵯峨嵐山駅から徒歩五分のところにある、発酵したお菓子の専門店。発酵させることを「醸《かも》す」ということから、「醸し家＝カモシカ」というネーミングも洒落《しやれ》ている。天然酵母、甘酒、チョコレート、チーズなど「発酵食品」にこだわったオリジナルのお菓子が並ぶ。自家製の天然酵母で発酵させたアーモンド入りの「修道院ガレット」がとても美味しい。クルミと干しぶどうのキャラメルクリームが絶妙で、一度食べると病みつきになる。近くにある「発酵食堂カモシカ」では発酵食品にこだわったランチが食べられる。
住所／京都市右京区嵯峨天龍寺若宮町21-2【地図Ⓔ】
電話／075-748-0186
営業時間／11時30分～17時　定休日／日・月曜

18 徳川家バンザイの庭、金地院

子供のための祭り「地蔵盆」

京都夏の風物詩と言えば、祇園祭と五山の送り火。そしてもう一つ、京都人にとって大切な行事なのが「地蔵盆」だ。

京都には各地区ごとにお地蔵さんを祀る祠《ほこら》がある。そのお地蔵さんを町の人は大切にしている。花を飾り、水を供え、また可愛い手作りの前掛けをつけてあげるなどして、大切にお祀りしている。

地蔵盆は地蔵菩薩の縁日で、旧暦七月二四日に行われる。今では八月二三、二四日近くの土日に行う地域が多く、子供のためのお祭りになっている。

地蔵盆の時は、友だちと一日中遊ぶのも公認される。お母さんやお父さん、おじいちゃん、おばあちゃんたちも子供たちの周りでのんびりおしゃべりする。なんとも平和なお祭りだ。

私が小学生の時も、近所のお地蔵さんの前にゴザを敷き、そこで一日中、友だちと遊んだ。道路の真ん中にゴザを敷くので、車はもちろん通行止め。かなり不便だと思うが、京都人は「地蔵盆だから仕方ない」と、迂回するのも気にしない。

また、色々なお菓子が入った袋が配られたり、福引大会もある。賞品は花火やシャボン玉、ノート、鉛筆など、さほど豪華賞品は当たらないのだが、この福引が楽しみで楽しみでしょうがなかった。子供にとって、夏休み最後のプレゼントなのだ。

残念ながら今はマンション住まいなので、地蔵盆とは縁がなくなってしまった。しかし、お地蔵さんのある町内の一戸建てに住んでいる友人に聞くと、この地蔵盆の準備がすごく大変らしい。

大量のお菓子を買い出しに行って袋に詰め、子供が喜ぶようなおもちゃや文房具を買って福引の準備をする。友人は大阪出身なので、最初はこのお祭りにかける京都人の情熱が理解できなかったらしい。でも最近では「明日は地蔵盆の買い出しがあるから！」と率先して準備をしている。

地蔵盆の習わしが身につくことは、京都に馴染んだ証なのかもしれない。

徳川家の栄華を静かに伝える庭

今回紹介するのは南禅寺の塔頭、金地院《こんちいん》の「鶴亀の庭」。

ここは、徳川家康に気に入られ政治的にも活躍した、以心崇伝《いしんすうでん》という僧の住まいだった寺院。元は違う場所にあったが、一六〇五（慶長一〇）年に彼が住職となり、現在の地に移され再建された。

崇伝は、徳川家のブレーンとして活躍し、「黒衣の宰相」と呼ばれた。歴代将軍の信頼は厚く、家康、秀忠、家光の三代に仕えた。

崇伝は徳川家光のために、この庭を造ったと言われている。家光の上洛に備え、徳川家の繁栄を願ってのことだ。

作庭を担当したのは小堀遠州。先述の南禅寺のほか、遠州の作と呼ばれる庭は多いが、ここは彼の作として資料が残っている唯一の庭。

以心崇伝の日記には、この寺の建物や庭が造られた様子が事細かに書かれている。実際には、小堀遠州が指示を与え、彼の片腕の庭師・賢庭《けんてい》が石組作業を行ったとされる。

また日記には、この庭のために、諸大名がこぞって各国の良い石を寄進した様子が記されている。「黒衣の宰相」と呼ばれた崇伝の影響力がよくわかるエピソードだ。

一六二七（寛永四）年から造営が始まり、一六三二年頃完成したと言われるが、一六三三（寛永一〇）年に崇伝は死去。家光が金地院を訪れることもなく、日の目を見ることはなかった。そして立派な庭だけがこの地に残された。

この庭は一見地味なので、なかなか魅力が伝わりにくい。しかし徳川家の繁栄を願った意匠が至るところにある。それを見つけるのが楽しい。

方丈から眺めて、右手が鶴島、左手は亀島。「鶴は千年、亀は万年」と言われるように、鶴と亀は不老長寿やおめでたいものの象徴とされる。これは古代中国の神仙思想から来ている。中央奥には蓬萊山を表す石組みが組まれ、徳川家の末長い繁栄が表されている。

面白いのが鶴島。鶴の首を表す細長い石が真っ直ぐに据えられている。これが鶴？という形をしているが、羽を休め、これから羽ばたこうとする姿を表している。表情

金地院　鶴亀の庭

が少し苦悶に満ちていてユーモラス。この石も安芸城主の浅野家からの寄進で、伏見港から牛四五頭でここまで運んだと言われる。

亀島に植えられているのは「ビャクシン」という樹木。パンフレットには樹齢四〇〇年~五〇〇年とあり、それが本当ならば、庭ができた当初からこの木が植えられていたことになる。この木の枝振りがとてもいい。白い木肌や古木のさまが、風雪に耐えた長い年月を感じさせ、この庭に上品な迫力を与えている。

背景には、葉が落ちることのない常緑樹が植えられ、ここにも徳川家の繁栄を願う気持ちが表されている。

鶴と亀の間にある長方形の石は「遥拝石《ようはいせき》」と呼ばれる。庭の奥、南の方角に建てられた東照宮を拝むために据えられた石。この東照宮には徳川家康の遺髪と念持仏が祀られている。

徳川家を拝むための石を中央に配置しているところに、この庭の、力の入りようを感じる。まさに「徳川家バンザイ!」の庭なのだ。

使われている石は上品な色味で揃えられており、小堀遠州らしい綺麗さのなかに、力強さを感じる庭になっている。

徳川の時代が終わってしまっても、この庭は静かに当時の栄華を伝える。そして背景にあるストーリーを知ると、さらに庭の魅力がわかって、長い時間を過ごしてしまう。何とも不思議な庭なのだ。

特別拝観の茶室「八窓席」

拝観料にプラス七〇〇円払うと、特別に、寺院の奥にある小堀遠州作の茶室「八《はっ》窓席《そうのせき》」を拝観できる。これは京都三名席の一つ。

また、長谷川等伯《とうはく》の筆による「猿猴捉月図《えんこうそくげつず》」と「老松」が鑑賞できる。「捉月図」のテナガザル（猿猴）が水面に映った月をすくい取ろうとする姿はとても可愛らしい。等伯の筆づかいの面白さも間近で見ることができる。美術館ではなく、襖絵としてその場所で見られるのは貴重。

私がここで一番好きなのは、八窓席の隣にある部屋の作り付けの棚。遠州作と言われるこの棚が、モダンでとても可愛い。小さな掛け軸を掛ける空間が素敵なのだ。

江戸時代にすでにこんなオシャレな棚をデザインできる遠州のセンスは、さすがだ。

金地院　鶴島の鶴首石

金地院　亀島のビャクシン

そしてこの棚から、小堀遠州の「可愛いものが好き」な一面が窺える。

特別拝観料を支払うべきか少し悩むところかもしれないが、案内係の方の説明はとても上手で丁寧。どんな質問をしても、答えがサッと返ってくる。説明を聞きながら静かに鑑賞できるので、くわしく知りたい人にはお勧め。

■金地院――

南禅寺塔頭。臨済宗南禅寺派。応永年間（一三九四―一四二八）に、足利義持が北山に創建。一六〇五（慶長一〇）年、徳川家康のブレーンであった禅僧・以心崇伝により現在地に移築された。建立は一六二六（寛永三）年。方丈、茶室八窓席、東照宮（拝殿）は重要文化財。また八窓席は、大徳寺孤篷庵、曼殊院茶室とともに京都三名席の一つに数えられる。小堀遠州作の「鶴亀の庭」は江戸初期の代表的枯山水庭園として知られる。
住所／京都市左京区南禅寺福地町86-12【地図Ⓑ】
拝観時間／8時30分～17時（12月から2月は～16時30分）

〈オススメの店〉

ピニョ食堂

ヘルシーで体に優しい韓国料理が食べられるお店。韓国のおばあちゃんが作るようなホッとする温かい料理をテーマに、韓国の食材を使い、一つ一つのメニューが丁寧に作られている。店主の情熱とこだわりが伝わる。

ソルロンタン定食（牛すね肉の煮込みスープ）九〇〇円は、深い味わいのスープを楽しめる。美味しいマッコリと一緒に食べるとまた格別。美男美女の若いご夫婦の明るい笑顔にも癒される。店内はオシャレで女性も入りやすい。

住所／京都市左京区孫橋町18-3【地図Ⓖ】
電話／075-746-2444
営業時間／11時30分～14時30分（14時LO）17時30分～22時（21時30分LO）
定休日／木曜

19 中根金作と退蔵院の庭

アメリカ人が選ぶナンバーワンの庭

中根金作《なかねきんさく》（一九一七〜一九九五）という人をご存知だろうか？「昭和の小堀遠州」と呼ばれたほどの人物で、優れた作庭家であり庭園研究家でもあった。建築や庭について勉強した人は彼の名前をよく知っているが、一般の人にはあまり知られていない。しかし国内外三〇〇以上の庭園を造った人で、今でも彼の庭は海外から高い評価を得ている。

一体どんな人物で、どんな庭を造ったのか、紹介したい。

中根金作は一九一七（大正六）年、静岡県磐田郡（現在の磐田市）に生まれる。浜松工業学校図案科を卒業後、日本形染《けいせん》株式会社に入社し、捺染《なっせん》図案の作成を行っていた。しかし二年後退社し、現在の東京農業大学造園学科に入学する。

その後京都に移り、文化財保護課で働いた後、一九六六（昭和四一）年に中根庭園研究所を開設する。

中根金作の代表作の一つとして知られる作品は、島根県にある足立美術館の庭園。この美術館は足立全康《ぜんこう》という実業家が、一九七〇（昭和四五）年、七一歳の時に、自分の郷里の安来《やすぎ》市に建てたもの。周りは何もない場所だが、多くの人がここを訪れ、駐車場には大型バスがずらりと並ぶ。ここを訪れる人のお目当ては、庭園と横山大観のコレクションだ。足立全康の横山大観作品の収集は眼を見張るものがあり、一三〇もの収蔵点数は日本一。

全康は生前、この庭のコンセプトについて「庭園もまた、一幅の絵画である」と語っていた。優れた絵画を鑑賞するように、四季を通してこの庭園の美しさを鑑賞して欲しい、という思いで造られている。「絵画のように楽しむ庭園」という観点が面白い。

全康は九一歳で亡くなるまで、少しでも気に入らないところがあれば、すぐ庭師を呼び、自ら指揮を取っていた。中根金作が造った庭を、絵画と同様に大切にしていたのだろう。今でも専属の庭師を抱え、この庭のために特別な維持管理を行っている。

そんな足立美術館の庭園が一躍有名になったのは、一三年前のある出来事がきっかけだ。アメリカの日本庭園の専門誌『Sukiya Living / The Journal of Japanese Gardening』が選ぶ「日本国内の優れた日本庭園」で一位を獲得したのだ。京都の桂離宮などを抑えての堂々の一位である。

二〇一四年一二月に発表された全国九〇〇カ所以上の名所旧跡を対象に実施した最新のランキングでも、一位に選ばれた。なんと一二年連続受賞。京都でも東京でもなく、行きやすいとは言い難い場所にあるこの庭園が、アメリカ人にとってナンバーワンの庭なのだ。

この庭の魅力はダイナミックで雄大、そして明快な庭というところ。安来の山々や滝を借景にして、広々とした景色が広がる。スケールも京都のお寺の庭と比べてずっと大きく、松や石の使い方も大胆。大きな石がふんだんに使われている。

1章でも述べたように、私の個人的な感想ではあるが、アメリカ人は、龍安寺よりも金閣寺のように広々とした庭の方が好きだ。そして樹木が植えられた空間をより好む。

中根金作はスケールの大きな庭の設計を得意としていたので、足立美術館の庭園はアメリカ人の好みにぴたりと合ったのだろう。一位に選ばれたことでここの庭園はますます有名になり、足立美術館の来場者数も増えた。

ここの庭師さんから聞いた話だが、白砂青松の庭に何本も植えてある高さ一メートルほどの赤松は、ほぼ同じ高さに揃えているらしい。同じ高さの松を予備で幾つも作っておいて、松が大きくなり過ぎたら抜き、新しいものと植え替えるそうだ。ナンバーワンの庭に相応しく、かなりの手間とお金がかかっている。選ばれるだけの努力と完璧な維持管理がなされているのだ。

退蔵院「余香苑」——中根金作マジック

中根金作の代表作は、京都でも観ることができる。妙心寺の塔頭、退蔵院《たいぞういん》にある庭園「余香苑《よこうえん》」だ。

この寺には主庭として、室町時代の絵師・狩野元信《かのうもとのぶ》が作庭したと言われる枯山水の庭がある。寺院には狩野元信が作庭したという資料は残っていないが、絵画的で構成

退蔵院　余香苑

美が優れていると言われている。

中根金作もこの庭を、自身の著書の中で「……その雄渾《ゆうこん》なるうちに優雅豊麗さのある手法で石組し、作庭された構成の見事さには驚くべきものがある。そしてそれはあくまでも絵画的である。庭全体の構成や石組の一つ一つにも、画家でなくしてはなし得ない感覚がみられ、この庭の作庭者がただ者でないことを容易にうなずかしめるのである」と評している。先人が造った絵画的な庭は、彼の庭園造りにも活かされたのかもしれない。

中根金作による退蔵院の庭は池泉回遊式。一九六三（昭和三八）年から三年の月日をかけて造られた。

サツキの大刈り込みの間から三段落ちの滝が流れ、川となり、池へと流れ込む。滝という「動」の動きから、池の「静」に変わる水の流れ方は見事だ。

その隣にもサツキの刈り込みが広がり、東屋や枝垂桜がフォーカルポイントとしてアクセントになっている。迫り来る景色は寺院の敷地内にあると思えないほど雄大。そして同時に上品でもある。

どこか哲学的で、計算された庭は中根金作にしかできないデザインだ。構成美がしっかりしているので、春の桜、初夏のサツキ、秋の紅葉、どのシーズンも見応えがある。

初めてこの庭を訪れる人は度肝を抜かれる。退蔵院の入口は間口が狭く、小さな塔頭寺院に見える。しかし一旦中に入るととても奥行きが深く、最後にこのスケールの大きな庭園が目の前に現れる。こんな広い庭があるとは表からは想像もつかない。見る者はこの空間に驚き、そして美しさに感動する。

視覚的な演出効果も計算し尽くされている。これこそ「中根金作マジック」だ。

何年か前にデンマーク人のグループを庭園案内した時、一組の四〇代半ばの女性とそのお母さんから「私達は京都に来るのは二回目で、もう有名な庭園は全て見た。だから、どこか静かで、ゆっくりと庭を楽しめる場所を教えてほしい。私達だけで行って来るので」とお願いされた。そこで退蔵院の余香苑を紹介した。

その日の夜、ホテルに戻った二人は私のところに来てこう言った。

「とても素晴らしい庭だったわ！　私達が期待した通りの静かで美しい時間がそこに流れていたの。庭の景色を見ていたら、涙が流れて止まらなかったのよ」と、とて

退蔵院の枝垂桜

退蔵院　余香苑の桜

も感激してくれた。

それ以来、私はその母娘と大の仲良しになり、今もお互いデンマークと日本を行き来し、親交が続いている。

中根金作の庭が私達の友情を繫いでくれた。私にとって特別な庭なのだ。

■退蔵院

妙心寺塔頭。臨済宗。一四〇四（応永一一）年、越前国の豪族・波多野重通が建立。「退蔵」とは、「陰徳を積み重ね、これを内に秘めながら仏の教えを伝える」という意味という。方丈は慶長年間（一五九六―一六一五）の建立。枯山水の優美な主庭園は、狩野元信の作と伝えられる。八〇〇坪の地泉回遊式庭園「余香苑」は中根金作の作。また、山水画の始祖で画僧であった如拙《じょせつ》の作で、室町時代の漢画の代表的名品とされる「瓢《ひょう》鮎《ねん》図《ず》」を所蔵している。
住所／京都市右京区花園妙心寺町35【地図Ⓐ】
拝観時間／9時～17時

〈オススメの店〉

御室《おむろ》さのわ

落ち着いた雰囲気の静かな空間で、日本茶を中心にした美味しいお茶とお菓子を楽しめる。抹茶味のケーキや、ぜんざい、お餅などもある。日本茶は急須で丁寧に淹《い》れてもらえるので美味しい。内装も素敵で、和紙作家の堀木エリ子さんによる和紙スクリーンが美しい。京都らしい大人のためのカフェ。

住所／京都市右京区御室竪町25-2　デラシオン御室1F【地図Ⓐ】
電話／075-461-9077　営業時間／10時～18時（17時30分LO）
定休日／月曜（祝日の場合は営業）

20　親子三代の想いを繋ぐ庭「白龍園」

庭には人生を変える力がある

誰しも必ず人生のターニングポイントがある。大学を出た後、八年間会社勤めしていた私が、突然園芸学校に進んだきっかけは、一つの庭との出会いだった。

ある朝たまたまテレビをつけると、世界的チェロ奏者のヨーヨー・マと、アメリカ人ガーデンデザイナーのジュリー・M・メサビーが、一緒に庭園を造るドキュメンタリー番組が放送されていた。それは「Music Garden（ミュージック ガーデン）」というプロジェクトで、ヨーヨー・マがバッハの「無伴奏チェロ組曲第一番ト長調 BWV1007」を演奏し、メサビーがその曲にインスパイアされた庭園を造るというものだった。

番組では、ボストン市庁舎の隣に、人々の憩いの場所としての「音楽庭園」を造るため、二人が奔走する姿を追っていた。庭園の意義を訴えるためにヨーヨー・マがチェロ演奏をしてスポンサーを集め、メサビーが役所の人たちを説得する。なかなか事は上手く運ばず、二人は予想以上に苦労する。そんななか、ヨーヨー・マは常に前向きに明るく「自分たちは元々不可能なことに挑戦しているのだから」とメサビーを慰める。

しかし結局、ボストンでは十分な予算を集めることができず、計画は頓挫。その後、他の場所で庭の建設が決定し、予算も無事集まる……というところで番組は終わっていた。結局どんな庭になったのか分からず、建設予定地も記憶に残らなかった。

しかしそのドキュメンタリーを見た一カ月後、私は会社を辞めていた。ずっと悩んでいた淡路島の園芸学校のテストを受けることに決めたのだ。「悩んでいるよりとりあえず動いてみては？」とヨーヨー・マに背中を押された気が……と自分勝手な解釈をして、後先考えずに辞めたのだった。

運良くテストに受かって、翌年に淡路島の園芸学校に入学。二年間のコースを終え卒業する時に、ちょうど姉妹校であるカナダのナイアガラ園芸学校との一年間交換留学プログラム制度ができ、卒業の三日後にカナダへ。そしてそのまま三年間、ナイアガラ園芸学校で勉強した。

偶然見たドキュメンタリー「Music Garden」が、私のターニングポイントとなった。

カナダに留学してすぐの頃、ちょうど中学からの友人が、旦那さんの転勤でトロントに住んでいたので、学校の休みに家に泊まらせてもらうことになった。

彼女が住むマンションはオンタリオ湖沿いの高級住宅エリア。マンションのすぐ隣に綺麗な公園があるから一緒に観に行こうと誘われた。

家から徒歩五分のところにあるその公園の入口まで行って、我が目を疑った。その看板には「Music Garden」と書かれていたのだ。そしてバッハの曲にインスパイアされ、ヨーヨー・マとメサビーのコラボレーションで完成した庭だと説明されていた。アメリカ、ボストンでの計画が頓挫した後、カナダのトロントに計画を移し、彼らの庭は完成していたのだった。

その庭にはたくさんの花が咲き、色使いやデザインも、バッハの音楽のように美しかった。人々が憩い、芝生では週末ごとに無料コンサートが楽しめる、まさにヨーヨー・マたちが目指した庭の姿だった。庭園のメインテナンスはボランティアの人たちで行われ、美しく維持されていた。

私は、自分のターニングポイントになった庭に偶然出会えたことと、その庭が持つ不思議な魅力に感動した。そこは造り手のこだわりや想いが伝わる庭だった。

ドキュメンタリーを見てから三年後、色々な縁が繋がってこの庭に辿り着いた。

「素晴らしい庭には、人生を変える力がある」、そう感じたのだった。

白龍園――桃源郷のような庭

京都にも造り手の想いが伝わる素晴らしい庭がある。

出町柳駅から叡山電鉄で三〇分、二ノ瀬という場所にある「白龍園《はくりゅうえん》」だ。子供服メーカー、青野株式会社が所有する庭園で、春と秋の二回だけ特別公開される。

創業者である故・青野正一氏が一九六二（昭和三七）年にこの土地を購入し、熊笹と雑木林で覆われた荒れ地を自ら切り開き、二〇年以上かけて現在の美しい庭の礎を作った。そして今もなお、お孫さんたちが中心になって整備を続けておられる。

ずっと非公開だったが、正一氏のお孫さんで現社長の青野雅行氏が、叡山電鉄と組

白龍園の庭、全景

み、二〇一二年秋から一般に公開。出町柳駅のみで一日一〇〇枚限定の入場券を発売するという形で始まった。一〇〇枚限定なのは、園内の美しい苔を守るため。そして人が少ない中でゆっくりと庭を楽しんで欲しいという思いからだ。

この庭園が凄いのは、全て青野正一氏と会社の人たちの手で造られた庭だということ。造園会社に一切頼らず、山を切り開き、整地し、敷石を敷き、石段も東屋も自分たちで建設。鞍馬《くらま》街道に面した石垣の石積みも、全て正一氏の指示のもと建造された。

これだけの規模で、これほど完成度の高い庭を、全て自分たちで建設するケースは大変珍しい。正一氏の「出来る限り自分たちの手で」という信念のもと、今も五人の従業員が庭を維持管理している。

造営の時からずっとここの庭で働いておられる水相敏考さんの存在も大きい。水相さんは中学を卒業後、一六歳の時に入社し、七七歳の今も庭で働いておられる。水相さんは正一氏に可愛がってもらったエピソードを今でも楽しそうに話してくださった。麻雀の人数が足りない時は電話が来て、自宅まで自転車で向かった話や、大変な時期に助けてもらって恩義を感じていること。そんな思いがあって、水相さんは今も白龍園を大切に守っておられる。

代々繫いできた従業員との信頼関係で、この庭園は成り立っている。その関係が美しい庭を造り、花を咲かせ、見事な景色を作っている。

ここの庭でまず目を引くのが、美しい苔が庭全体に広がっていること。敷石や石段も自然に苔むして美しい。苔は人が足を踏み入れるとどうしても傷んでしまう植物。しかし入場者数を制限することで良い状態を保っている。自然豊かな山中にあるので、猪《いのしし》に苔を掘り返されることもしばしば。しかしその度に、社長と従業員の人たちの手で修復されている。美しい苔はここの方々の努力を物語っている。

園内に植えられている樹々は大きくて樹形がよい。春には桜の木がノビノビと枝を広げて花を咲かせ、ヤマツツジとのピンクのグラデーションが素晴らしい。足元にはショウジョウバカマなどの可憐な花が咲く。秋は楓の大木の紅葉が見事な深紅になる。東屋の屋根の苔と青空とのコントラストが美しい。

私が一番好きな場所は、高台にある「福寿亭《ふくじゅてい》」という東屋からの眺め。額縁効果で楓の枝振りや桜の美しさが際立つ。借景となる二ノ瀬の山並みがとてもいい。春は日本画のような柔らかい萌黄色が美しく、秋は広葉樹の葉が橙色に紅葉して素晴らしい。空気も澄んでいて、とても気持ちが良い。深山の清々しさと美しさ。ここに来ると

白龍園　福寿亭からの眺め

白龍園　清風亭　桜とヤマツツジ

いつも「桃源郷とはこういう場所なんだろうなぁ」と思う。白龍園という名前に相応しい、神々しい庭園だ。

「Music Garden」のドキュメンタリーの中で、ヨーヨー・マはこう語っていた。

「想像と現実の間にはある種の緊張感がある。意志の力だけでは実現しない。人間と時間と場所がより重要になってくるようだ」

白龍園の庭もそうだ。素晴らしい場所と三代かけて培った時間、そしてそこに集まる人々の想いが、美しい庭を造った。

素晴らしい庭には、人生を変える力がある。だからぜひ、たくさんの美しい庭を見に行って欲しい。

■白龍園――

一九六二（昭和三七）年、子供服のメーカー、青野の創業者である青野正一氏が二ノ瀬の山林を購入、従業員たちと造った庭園。古来より霊験あらたかな土地であったので、奥に社殿を設け、山の祭神である白髭大神（不老長寿）と八大龍王（商売繁盛）を祀った。そこから名前を取り「白龍園」と名付けた。春と秋の年二回特別に公開される。

入場券は叡山電鉄の出町柳駅で一日一〇〇枚限定で発売される（当日券のみ、また白龍園では入場券は購入できないので注意）。紅葉の時期はすぐに完売するほど人気。電車からのどかな景色を楽しみながら行く道のりも楽しい。

住所／京都市左京区鞍馬二ノ瀬町106【地図Ⓙ】
問い合わせ／叡山電鉄営業課　電話／075-702-8111
開園時間／10時～14時（受付13時30分まで）※荒天時は足場が滑るため休園

〈オススメの店〉

河鹿荘《かじかそう》

白龍園から道を挟んだところにある古民家のお茶屋さん。庭を訪れた人にゆっくりしてもらうため、白龍園の公開時のみ営業される。囲炉裏が二つ並んだ座敷は風情があり、座るだけでホッと落ち着く。お菓子付きの抹茶や、ぜんざい、甘酒、ラムネをいただける。温かいおもてなしの中、庭のお話を聞きながら楽しい時間を過ごせる。

住所／白龍園参照　営業時間／10時～14時（白龍園公開時のみ営業）

A
【凡例】
回は庭園、■はオススメの店を表します。
カッコ内は、本文の章の番号です。
鏡石通
金閣寺(1)
金閣寺前
衣笠
木辻通
敷地神社(わら天神)
木辻馬代
廬山寺通
金攫八幡宮
八幡神社
わら天神前
龍安寺(1)
御室
きぬかけの道
29
平野
■山猫軒(1)
龍安寺前
立命館大学
衣笠キャンパス
平野神社前
上立売通
平野神社
等持院(12)
中国酒家 黒猫軒(12)
等持院
北野
西大路通
今小路通
御室会館
とうじいん
今出川通
北野廃寺跡
■御室さのわ(19)
りょうあんじ
嵐電北野線
きたのはくばいちょう
谷口
みょうしんじ
西大路一条
一条通
おむろにんなじ
101
地蔵院(椿寺)
大将軍
妙心寺退蔵院(19)
天神川
130
花園
妙心寺道
129
下立売通
丸太町通
円町
嵯峨野線(山陰本線)
はなぞの
えんまち

B
東山近衛
181
吉田東通
真正極楽寺(真如堂)
金戒光明寺
東大路通
聖護院御殿荘
鹿ヶ谷通
哲学の道
東山丸太町
丸太町通
平安の森
平安神宮(8)
岡崎
白川通
永観堂
岡崎公園
東山二条
菓子・茶房 チェカ(16)
二条通
京都市美術館
京都市動物園
南禅寺
京都国立近代美術館
仁王門通
洛翠庭園
南禅寺(7)
無鄰菴(16)
フロマージェリー
アルモニー(7)
& noma CAFE/
ギャラリーnoma(8)
岡崎通
南禅寺前
金地院(18)
東山三条
三条通
ひがしやま
地下鉄東西線
ウェスティン都
粟田口
けあげ
東大路通
安養寺
日向大神宮
知恩院
円山公園
八坂神社
祇園
日ノ岡
143
圓徳院
高台寺
霊山護国神社
143
八坂通
八坂の塔
松原通

C
紫明通
鞍馬口通
くらまぐち
天寧寺
加茂街道
鞍馬口町
妙覚寺
大泉寺
上御霊神社
水火天満宮
上御霊前通
上御霊前通
地下鉄烏丸線
賀茂川
出雲路
本法寺
宝鏡寺(3)
寺之内通
光明寺
阿弥陀寺
相国寺
報恩寺
上立売通
堀川通
茶ろんたわらや 小川店(3)
葵橋西詰
いまでがわ
同志社大
同志社大学 アーモスト館
同志社女子大
今出川通
上京区役所
今出川通
堀川今出川
烏丸今出川
今出川御門
河原町今出川
武者小路通
石薬師御門
38
32
一条通
虎屋菓寮
京都一条店(11)
寺町通
中立売通
京都御所
梨木神社
河原町通
ブライトン
室町通
烏丸通
堀川通
葭屋町通
上長者町通
ガーデンパレス
中立売署
京都御苑
仙洞御所(11)
ルビノ
京都府庁
大宮御所
堀川下立売通
府警本部
367
第二赤十字病院
椹木町通
烏丸丸太町
河原町丸太町
丸太町通
ホテルハーヴェスト京都
まるたまち
下御霊神社
堀川丸太町
竹屋町通
革堂(行願寺)
新烏丸通
新椹木町通
河原町通
夷川通
堀川通
東堀川通
油小路通
小川通
西洞院通
釜座通
新町通
衣棚通
室町通
両替町通
烏丸通
車屋町通
東洞院通
間之町通
高倉通
堺町通
柳馬場通
富小路通
麩屋町通
御幸町通
寺町通

D
北山通
堀川北山
北山通
船岡東通
今宮神社
一和(9)
かざりや(9)
一心寺
今宮通
芳春院
今宮通
龍翔寺
大徳寺
大宮通
堀川通
佛教大
紫野通
高桐院(9)
千本通
龍光院
黄梅院(3)
北大路通
181
千本北大路
堀川北大路
紫野
堀川通
船岡山公園
堀川紫明
31
大宮通
鞍馬口通
船岡温泉
水火天満宮
千本鞍馬口
廬山寺通
本法寺
廬山寺通
寺之内通
千本寺之内
千本通
浄福寺通
智恵光院通
堀川寺之内
石像寺
西陣病院
上立売通
大報恩寺
(千本釈迦堂)
五辻通
上善寺
今出川通
千本今出川
中筋通

E
大覚寺
大沢池
嵯峨大沢
50
嵯峨野
清滝街道
祇王寺
清凉寺
大覚寺門前
多宝塔
二尊院
29
丸太町通
カモシカのお菓子(17)
常寂光寺
187
さがあらしやま
トロッコさが
御髪神社
野宮神社
大河内山荘(10)
老松 嵐山店(2)
トロッコあらしやま
135
弘源寺
らんでんさが
天龍寺(2)
あらしやま
妙智院
角倉稲荷神社・
安倍晴明墓所
宝厳院(17)
嵐山駅足湯
大井神社(大堰神社)
豆腐料理 松ヶ枝(10)
桂川
渡月橋
嵐山
あらしやま
法輪寺
嵐山
29
無量寿寺

F
29
あらしやま
29
嵐山
無量寿寺
桂
川
梅宮大社(14)
妙珠寺
東光山薬師禅寺
梅津
まつおたいしゃ
松尾大社
カザレッチョ(14)
松室
西光寺
松尾谷
阪急嵐山線
鈴虫寺
松尾
松尾
西芳寺(2、6)
123
上桂
かみかつら
29

G
富小路通
麩屋町通
御幸町通
新烏丸通
新椹木町通
河原町通
京阪鴨東線
東山二条
二条通
寺町通
京都ホテルオークラ
仁王門通
京都市役所
ピニョ食堂(18)
河原町御池
きょうとしやくしょまえ
ますや
本能寺
京都ロイヤルホテル&スパ
東山三条
姉小路通
天性寺
さんじょうけいはん
ひがしやま
三条通
矢田寺
三条大橋
さんじょう
三条大橋
河原町三条
京劇会館
富小路通
麩屋町通
新京極通
鴨川
花見小路通
東大路通
裏寺町通
縄手通
辰巳大明神
永福寺
(蛸薬師堂)
河原町通
高瀬川
木屋町通
先斗町通
巽橋
錦市場
錦天満宮
寺町通
四条大橋
八坂神社
阪急京都線
かわらまち
ぎおんしじょう
南座
祇園
四条河原町
ZEN CAFE/
昴KYOTO(4)
祇園
団栗橋
大和大路通
建仁寺(4)
富小路通
麩屋町通
御幸町通
寺町通
圓徳院
高瀬川
木屋町通
川端通
宮川町通
金比羅絵馬館
両足院(13)
ゑびす神社
安井金比羅宮
松原通
32
松原橋
八坂通
宮川筋
八坂の塔
六道珍皇寺
カフェ ヴィオロン(13)
万寿寺通
リッチ
六波羅蜜寺
松原通
東山区役所
あじき路地
きよみずごじょう
大黒町
五条大橋
143
河原町五条
川端五条
五条通
東山五条

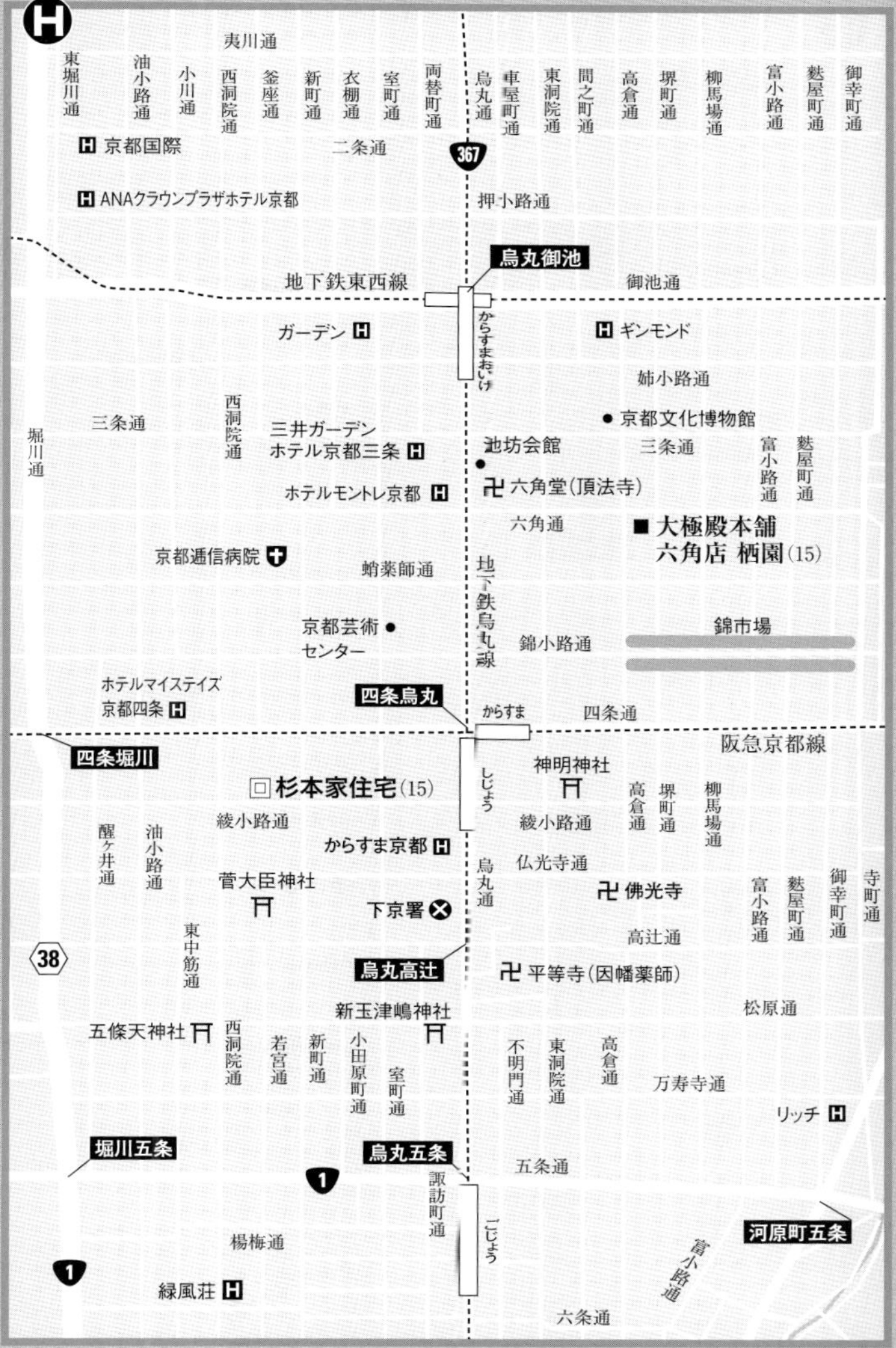
H
夷川通
東堀川通
油小路通
小川通
西洞院通
釜座通
新町通
衣棚通
室町通
両替町通
烏丸通
車屋町通
東洞院通
間之町通
高倉通
堺町通
柳馬場通
富小路通
麩屋町通
御幸町通
京都国際
二条通
367
ANAクラウンプラザホテル京都
押小路通
烏丸御池
地下鉄東西線
御池通
からすまおいけ
ガーデン
ギンモンド
姉小路通
西洞院通
京都文化博物館
三条通
堀川通
三井ガーデン
ホテル京都三条
池坊会館
三条通
富小路通
麩屋町通
六角堂(頂法寺)
ホテルモントレ京都
六角通
大極殿本舗
六角店 栖園(15)
京都通信病院
蛸薬師通
地下鉄烏丸線
錦市場
京都芸術
センター
錦小路通
ホテルマイステイズ
京都四条
四条烏丸
からすま
四条通
阪急京都線
四条堀川
神明神社
杉本家住宅(15)
しじょう
高倉通
堺町通
柳馬場通
綾小路通
綾小路通
醒ヶ井通
油小路通
からすま京都
仏光寺通
烏丸通
菅大臣神社
佛光寺
富小路通
麩屋町通
御幸町通
寺町通
下京署
東中筋通
高辻通
38
烏丸高辻
平等寺(因幡薬師)
松原通
新玉津嶋神社
五條天神社
西洞院通
若宮通
新町通
小田原町通
室町通
不明門通
東洞院通
高倉通
万寿寺通
リッチ
堀川五条
烏丸五条
五条通
1
諏訪町通
ごじょう
河原町五条
富小路通
楊梅通
1
緑風荘
六条通

1
七条通
河原町七条
七条大橋
しちじょう
ハイアット
リージェンシー京都
東山七条
智積院
三十三間堂
銀閣
京都タワー
きょうと
センチュリー
ホテルグランヴィア京都
京都
鴨川
塩小路通
琵琶湖線
東海道本線
東海道線幹線
143
本町通
師団街道
奈良線
24
ホテル京阪
高瀬川
泉涌寺道
地下鉄烏丸線
東寺通
ダイワロイネットホテル
京都八条口
とうふくじ
萬寿寺
鶴屋弦月(6)
泉涌寺
九条通
143
くじょう
九条河原町
福稲
河原町通
115
東福寺(5)
竹田街道
とばかいどう
琵琶湖疏水
光明院(6)
河原町十条
十条通
じゅうじょう
阪神高速8号京都線
伏見工高
ふしみいなり
小西いも(5)
深草
24
いなり
伏見稲荷大社
府警察学校
ふかくさ

J
左京区
貴船川
くらま
叡山電鉄鞍馬線
38
きぶねぐち
鞍馬街道
叡山電鉄鞍馬線
にのせ
白龍園(20)
河鹿荘(20)
40
竜田神社
38
いちはら

知恵の森
KOBUNSHA

一度《いちど》は行《い》ってみたい　京都《きょうと》「絶景庭園《ぜっけいていえん》」

著　者――烏賀陽百合（うがや ゆり）

2015年　11月20日　初版1刷発行
2016年　10月20日　　3刷発行

発行者――駒井　稔
組　版――萩原印刷
印刷所――萩原印刷
製本所――ナショナル製本
発行所――株式会社光文社
東京都文京区音羽1-16-6 〒112-8011
電　話――編集部(03)5395-8282
書籍販売部(03)5395-8116
業務部(03)5395-8125
メール――chie@kobunsha.com

ISBN978-4-334-78685-4　Printed in Japan

78349-5
aあ8-1

赤《あか》瀬《せ》川《がわ》原平《げんぺい》

赤瀬川原平の名画読本
鑑賞のポイントはどこか

早足で見る。自分が買うつもりで見る。自分でも描いてみる。「印象派の絵は日本の俳句だ」「ゴッホが陰に〝色〟をつけた」など十五人の代表作に迫る。（解説・安西水丸）

781円

78505-5
tい4-1

池波正太郎《いけなみしょうたろう》編

酒と肴と旅の空

「単なる食べ歩きなどに全く関係がない文化論」と編者・池波正太郎が表わす世界の美味と酒をテーマにした名エッセイ二十四編。開高健と阿川弘之の対論「わが美味礼讃」も収録。

720円

78331-0
cう2-1

浦《うら》 一也《かずや》

旅はゲストルーム
測って描いたホテルの部屋たち

アメリカ、イタリア、イギリスから果てはブータンまで。設計者の目でとらえた世界のホテル六十九室。実測した平面図が新しい旅の一面を教えてくれる。

860円

78661-8
tお10-1

岡崎《おかざき》 武志《たけし》

読書の腕前

本は積んで、破って、歩きながら読むもの…。ベストセラーの読み方から、「ツン読」の効用、古本屋との付き合い方まで。〝空気のように本を吸う男〟が書いた体験的読書論。

740円

72789-5
aお6-1

岡本《おかもと》 太郎《たろう》

今日の芸術
時代を創造するものは誰か

「今日の芸術は、うまくあってはならない。きれいであってはならない。ここちよくあってはならない」—時を超えた名著、ついに復刻。（序文・横尾忠則　解説・赤瀬川原平）

495円

78356-3
aお6-3

岡本 太郎

日本の伝統

「法隆寺は焼けてけっこう」「古典はその時代のモダンアート」『今日の芸術』の伝統論を具体的に展開した名著、初版本の構成に則って文庫化。（解説・岡本敏子）

640円

78670-0
tか7-2

柏井 壽

おひとり京都の春めぐり

知られざる桜の名所から、意外なグルメまで。生粋の京都人にして、旅の達人である著者が、四季折々の京歩きの魅力を案内するシリーズ第一弾。『ふらり 京都の春』改題。

680円

78675-5
tか7-3

柏井 壽

おひとり京都の夏涼み

涼しい山中の寺院めぐり、この時季ならではの川床の愉しみ方、二大美味・鮎と鱧の味わい…。京都通にも意外な発見が満載のシリーズ第二弾。『京都 夏の極めつき』改題。

620円

78497-3
tし1-2

白洲 正子

きもの美

選ぶ眼 着る心

「粋」と「こだわり」に触れながら、審美眼に磨きをかけていった著者。「背伸びをしないこと」「自分に似合ったものを見出すこと」。白洲正子流着物哲学の名著。（解説・髙田倭男）

740円

78671-7
tと2-1

戸部《とべ》 民夫《たみお》

日本の神社がよくわかる本

神々の系統で知る由緒とご利益

文庫書下ろし

総数8万以上ともいわれる神社のうち、稲荷・八幡・伊勢など、祭神の系統ごとに由緒ある古社を徹底解説。歴史からご利益まで、日本人が知っておきたい神社の常識がわかる本。

600円

78566-6
tも1-1

もりきあや

おひとり奈良の旅

文庫書下ろし

奈良生まれ、奈良育ちの著者が県内各地を歩き徹底取材。食べる、泊まる、観る、買う、拝む、感動する―古都・奈良の魅力のすべてを網羅した、街歩きガイドブック。

667円

78443-0
bも5-1

森下《もりした》 典子《のりこ》

前世への冒険

ルネサンスの天才彫刻家を追って

「あなたの前世はルネサンス期に活躍したデジデリオという美貌の青年彫刻家です」。イタリアで前世を巡る不思議な旅のルポルタージュ。『デジデリオ』改題。（解説・いとうせいこう）

667円